发自内心的喜欢高于一切

匠心汇聚　传递幸福（付守永与于东来合影）

跟胖东来学经营

付守永/著

中华工商联合出版社

图书在版编目（CIP）数据

跟胖东来学经营 / 付守永著. -- 北京：中华工商联合出版社, 2024.3
ISBN 978-7-5158-3899-1

Ⅰ．①跟⋯　Ⅱ．①付⋯　Ⅲ．①商业经营－基本知识
Ⅳ．①F713

中国国家版本馆CIP数据核字（2024）第050650号

跟胖东来学经营

作　　者：	付守永
出 品 人：	刘　刚
责任编辑：	于建廷　王　欢
封面设计：	周　源
责任审读：	付德华
责任印制：	陈德松
出版发行：	中华工商联合出版社有限责任公司
印　　刷：	北京毅峰迅捷印刷有限公司
版　　次：	2024年4月第1版
印　　次：	2024年12月第6次印刷
开　　本：	710mm×1000 mm　1/16
字　　数：	240千字
印　　张：	15.5
书　　号：	ISBN 978-7-5158-3899-1
定　　价：	68.00元

服务热线：010-58301130-0（前台）
销售热线：010-58302977（网店部）
　　　　　010-58302166（门店部）
　　　　　010-58302837（馆配部、新媒体部）
　　　　　010-58302813（团购部）
地址邮编：北京市西城区西环广场A座
　　　　　19-20层，100044
http://www.chgslcbs.cn
投稿热线：010-58302907（总编室）
投稿邮箱：1621239583@qq.com

工商联版图书
版权所有　盗版必究

凡本社图书出现印装质量问题，
请与印务部联系。

联系电话：010-58302915

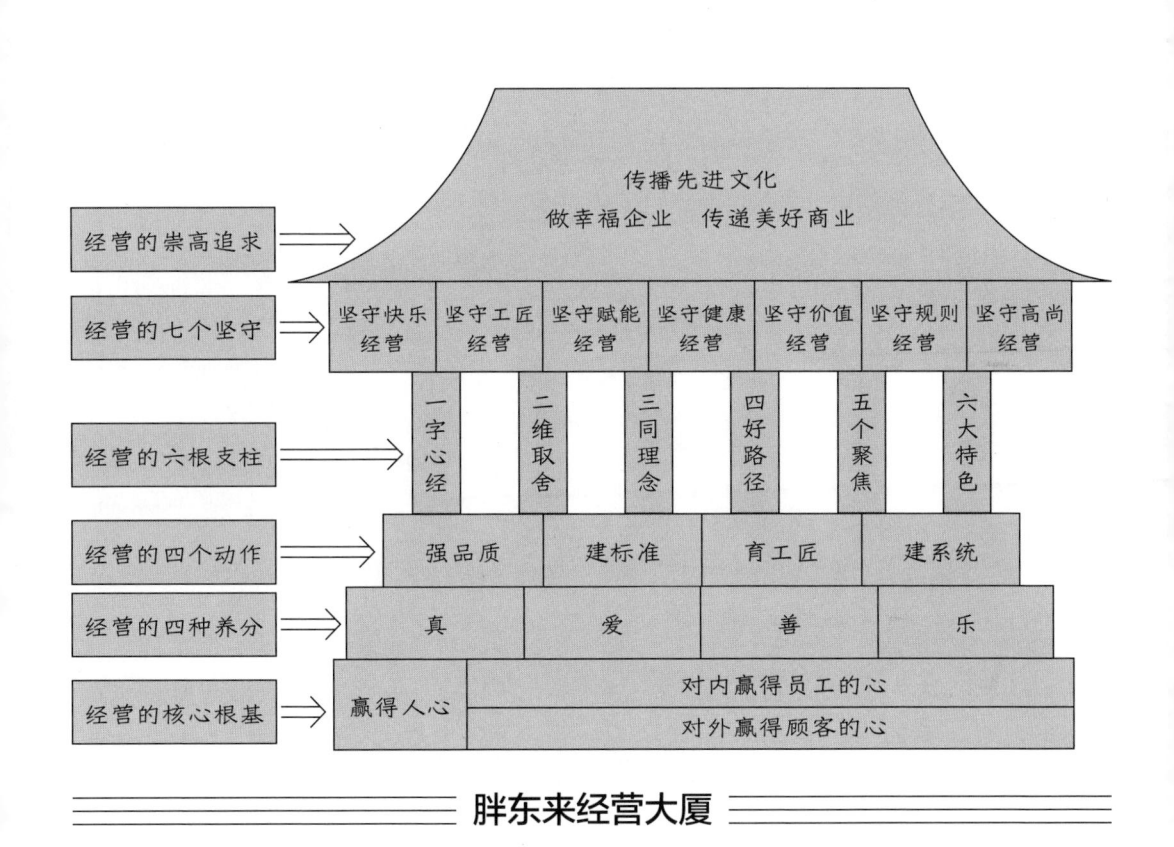

胖东来经营大厦

传播先进文化

做幸福企业　传递美好商业

经营的崇高追求 →	传播先进文化；做幸福企业；传递美好商业
经营的七个坚守 →	坚守快乐经营 | 坚守工匠经营 | 坚守赋能经营 | 坚守健康经营 | 坚守价值经营 | 坚守规则经营 | 坚守高尚经营
经营的六根支柱 →	一字心经 | 二维取舍 | 三同理念 | 四好路径 | 五个聚焦 | 六大特色
经营的四个动作 →	强品质 | 建标准 | 育工匠 | 建系统
经营的四种养分 →	真 | 爱 | 善 | 乐
经营的核心根基 →	赢得人心：对内赢得员工的心；对外赢得顾客的心

序言

读不懂于东来，就学不懂胖东来

君子爱财，取之有道，道即人心！"赢得人心才是经营企业的王道"，我反复不断地像"念经"一样传播这句话，胖东来做到了！

被誉为中国商超界天花板的"胖东来"，已经被许多人当成网红打卡地的"超A景区"。普通人凑的是热闹，想亲身体验什么是"魔鬼"般的极致服务；老板们看的是门道，想探寻胖东来"年销100亿"背后的经营逻辑（据于东来本人公开表述，2023年胖东来销售额近100亿元），就连雷军去参观也自称是"朝圣之旅"。

2013年4月11日，我应于东来邀请，到访胖东来并与于东来先生促膝长谈，当时的于东来留给我的印象是：经营思想独特而不失纯朴，简单而不失风度，透明而又充满神秘。也是在2013年，胖东来一次性购买我的《工匠精神：向价值型员工进化》15000册，全员学习工匠精神。距我第一次到访胖东来倏忽10年，这10年来，我近距离观察胖东来，感知胖东来，多次走访胖东来。所有人都想知道，为什么胖东来能够成为零售行业的极致标杆与中国企业的经营典范，它"出圈"的秘诀是什么？

坦白说，胖东来的成功没有"秘诀"。胖东来从来不怕被"偷师"，也不防着掖着，为了满足大家的好奇心，它像开办行业学校一样主动配合，把经营管理、规章制度等内容统统放到网上，与友商慷慨分享；就连于东来给管理层开会的会议记录、员工与顾客沟通的培训手册等内部信息，也都公开发表在公众号上，一切都是透明的。

这些年来，到胖东来观摩学习、意图复制胖东来的企业络绎不绝，从未停歇。遗憾的是，最终胖东来仍然只有一个。为什么胖东来学不会？到底要向胖东来学什么？

这一疑惑在许多人的脑海中萦绕不去，它也是我撰写这本新作的初衷与动力。为了大家更简洁、更系统地学习胖东来，我绘制了"胖东来经营大厦"，供大家从全景视角学习胖东来的经营，这也是国内第一次非常完整地呈现胖东来的整体经营框架。在我看来，胖东来一路走来，并不是在做企业，而是在追寻一种"道"——怎样活出真实、快乐、轻松、美好的生命状态，而不是追寻多数人所崇尚的成功、价值、荣耀、财富。作为胖东来的灵魂人物，于东来也希望人们更多地关注他的哲学，而非商业。

20世纪初，德国社会学家马克斯·韦伯第一次使用"魅力"一词来形容领导者，认为领导者可以通过自己的特殊魅力来吸引下属、赢得忠心，他对魅力的解读是："被下属或员工认为具有超自然、超人，或者至少非常特殊的力量或品质，而这些力量或品质是普通人所没有的。"毋庸

序　言

置疑，于东来就是这样一位有着特殊魅力的企业领导者。

一个人思想的高度，决定了他人生的高度；一个企业家的格局，决定了企业的结局。商道即人道，要学胖东来，复刻表面的功夫并不难，真正难的是像于东来一样用独特的人格、有价值的活法、知行合一的战略行动哲学，影响并撼动周围的人。如果读不懂"于东来"，自然也就学不懂胖东来。

许多人都在思索，到底要向于东来学什么呢？坦白说，这个问题很难用几个关键词来作答，毕竟每个人都是立体的、多维度的，任何一个关键词所呈现的只是某一个侧面，无法代表一个真实的、客观的、完整的个体。为此，我想从三个不同的视角——个体视角、企业视角和社会视角，同时也是三种不同的社会角色，解读于东来的人格魅力与经营理念。

从个体视角来看，于东来是一位健全人格者

心理学家罗洛·梅认为，健全人格者是能创造自身存在意义的人，是具备了自由、勇气、爱以及意志等能力的人格特点的人。纵使没有谁可以完美无缺地全部拥有这些人格特质，但它们为人类的活动赋予了意义，使有智慧的人有了可遵循的生活准则。

胖东来的企业信仰是"自由与爱"，其愿景不是成为世界500强、全球第一的连锁超市，而是"培养健全的人格，成就阳光个性的生命"。于东来说："如果我们连自己的人格都不能正确地认知，只把自己活成他人的附属品，那怎么会了解什么是真正有意义的、有价值的生命？又怎么知道什么是真正的自己呢？"

从企业视角来看，于东来是一位组织赋能者

万物的生长离不开阳光，失去了阳光，植物就会慢慢走向枯萎、暗淡和丑陋。在企业领导者这一社会角色中，于东来把自己活成了一道光，给予员工尊重、信任、鼓励、认可和帮助，为整个团队赋能。他说："不舍得分钱给员工的老板是做不好企业的，因为你得不到人心，你不能给你的团队注入活力，注入希望。你不把员工当人看，员工怎么跟你去奋斗？你的企业就没有未来。"

从社会视角来看，于东来是一位"爱的传道者"

当商界人士还在探讨和犹豫"企业的领导者该不该成为一位传道者"时，于东来已经成了一位虔诚且出色的前行者。他给自己定位为"爱的传道者"，引领他和胖东来人认清自身的使命，宣扬爱和商业的信仰。

在企业的道场上，他给员工和顾客心里埋下真善美的种子，引导他们学会爱自己，活出健康的生活态度，他说："我们不只是教如何让员工学会怎么去挣钱，更多的是去教让员工学会怎样做人做事，理解生活，理解生命，然后努力地安排好自己的生活。"

在商业的道场上，他把胖东来当成一所学校，打造成一个样板，为零售业的友商们提供学习、交流的机会，无私地分享自己的心得和做法。他相信，将美好的理念、美好的生活方式释放出去，会惠及更多的行业、企业和老板，最终释放到社会，造福更多的人。

于东来以敬畏的姿态对待生命，站在真善美的高度思考问题，怀着爱与热情去做事情，把人心和人性糅进了经营实践中。只有读懂了于东来的人生哲学，才能理解胖东来的精髓。

序　言

2023年于东来在公开演讲中宣布自己已退休,企业的日常经营管理已交棒给胖东来的经营团队。胖东来不断的实现自我超越,自我进化,当我们本书完稿出版之际,或许胖东来的经营又有了新变化、新思路、新方法,这也是胖东来的魅力所在,总会给您一种欣欣向荣的牵引力,总有一种学不完的寻宝之旅。

这本新书承载着三个希望:一是希望更多的商业友人看到,于东来如何行走在信仰与商业之间,胖东来如何将发自内心的力量付诸于经营实践;二是希望胖东来这一盏灯塔,可以为在商海中迷茫挣扎、在困顿中苦苦求生的企业开启走向光明未来的导航;三是希望像于东来这样践行"商业让生活更美好"的企业家,有朝一日能从可遇不可求的少数成为主流,让更多的普通人从社会经济进步中收获更多的尊重,在工作与生活中找到生命的价值和意义。

愿我们都能够积极地传递——真实、善意与美好。

共勉。

付守永

2024年1月于永匠书院

目 录

第一章 1 因"爱"而生，为"爱"而来
—— 胖东来的"一字心经"

爱自己：活出阳光健康的生命状态　002
爱员工：把员工当成完整意义上的人　006
爱顾客：像对待至亲一样关爱顾客　011
爱事业：发自内心的喜欢高于一切　014
爱生活：用休息的时间培育爱与自由　019
爱社会：成为传递爱与善的美好企业　023

第二章 2 1厘米的宽度，1万米的深度
—— 胖东来的"二维取舍"

尊重自己的生命，而不是利用生命　030
锁定欲望的宽度，追寻品质与深度　035
超越钱的格局，只赚取合理的利润　042
打破利益最大化的迷思，向美好企业迈进　048
远离红海的厮杀，开创服务新蓝海　055
把自己定义成学校，把企业打造成样本　062

第三章 同心才能同频，同频才能同行
——胖东来的"三同理念"

同心文化：共信念而并肩，同理想而相伴 070
同向发力：转动爱与美好，永续幸福经营 079
共同富裕：让创造财富的人分享财富 088
同频共赢：真心成就他人，调动自驱力 095
共同成长：扬善戒恶，培育健全的人格 105
共享美好：打造舒适优质的员工之家 115
共同维护：遵守制度规则之下的自由 119

第四章 以员工满意度，提升顾客满意度
——胖东来的"四好路径"

一体两翼：员工与顾客都是用户 130
胖东来没有上帝，不需要讨好顾客 139
只有分工不同，没有高低贵贱之分 144
以员工需求为核心，提供贴心的福利 150
痛斥"加班文化"，不剥夺员工的时间 157
尊重顾客有底线，不贬低员工的尊严 162

目 录

第五章 回归商业本质,聚焦价值创造
——胖东来的"五个聚焦"

聚焦本质:一切出于人,一切为了人 170
聚焦专业:每个员工都是"岗位专家" 175
聚焦细节:细微处聚人心,无往而不胜 179
聚焦场景:用场景激发共鸣与购买欲 184
聚焦体验:不断满足消费升级的需求 189

第六章 走少有人走的路,做有特色的胖东来
——胖东来的"六大特色"

幸福营销:为利益相关者创造幸福 194
深耕区域:以"乡绅精神"做零售 204
透明经营:卖的透明,买的透明 210
视觉美学:打造"美学生活馆" 216
能干会玩:激发平凡人的非凡潜能 222
服务创新:打造"胖东来式的服务" 228

没有停顿的生命，
或许只是简单的重复

第一章

1

因『爱』而生，为『爱』而来
——胖东来的『一字心经』

爱自己：活出阳光健康的生命状态

胖东来的口号（Slogan）——爱在胖东来。

爱，简简单单的一个字，也是沉甸甸的一个字。

胖东来自开业以来，"爱"字贯穿着始终，无论是最初的"用真心换真品，不满意就退货"，还是现在的"创造爱、分享爱、传播爱"，都诠释了胖东来的核心理念与灵魂。

胖东来的爱，不是停留在口头上的标语，是呈现在每一个环节和细节里的实在与温情，这份爱的营造者是胖东来充满爱的员工，而这份爱的源头是追寻"爱·自由"的于东来。

人无法给予别人自己没有的东西。

于东来很清楚：想要服务好顾客、爱顾客，员工的心中一定要有爱，这就需要企业给予员工足够的爱。这是一场"爱的接力赛"，也是一场"爱的循环"，他必须成为第一个传递出"爱的接力棒"的人。

有些人对"爱"存在误解，认为爱是一种牺牲，其实不然。

真正的爱，是一种自然而然的溢出，溢出的前提是先斟满自己的杯子。换句话说，如果一个人内心不够富足、不够安全，他很难做到慷慨

第一章
因"爱"而生，为"爱"而来

地分享、真诚地爱人。这份内在的充盈，不完全依赖于物质的支撑，更重要的是拥有健全的人格、富足的精神，以及对生活的热爱。

弗洛姆在《爱的艺术》中说："一切有能力爱别人的人，必定也爱自己。"

没有人生来就知道如何爱人爱己，于东来也是在经历了风风雨雨之后，才学会了取舍和爱自己。他坦言，少年时教育的缺失，让他一度陷入迷茫的境地，没有清晰的人生信念和目标，也没有做人做事的准则和标准，不知不觉就被社会的潮流裹挟，内心只剩下对金钱和物质的向往与追求。为了追逐功名利禄，一路磕磕绊绊，走得艰难辛苦、身心俱疲，虽然也取得了一些成就，却是以健康和快乐为代价的，失去的远比得到的多。

这些生命体验和经历，给于东来带来了触动和思考，促使他踏上了觉醒之路。现在的他，经常跟员工或同行们苦口婆心地讲，别为了挣钱累死累活，要尊重自己的内心，做自己生活的主宰者。这是一个历尽千帆、体验过失去的"过来人"的肺腑之言，也是一个彻底觉醒后的智者在做人做事中践行的准则。

欲变世界，先变其身。

想拯救落水的人，前提是自己必须会游泳，且最好是游泳健将；想带给周围人诚挚的爱，前提是知道用什么样的方式滋养内心，让自己生长出爱的能力。

是的，爱不是一种状态，而是一种能力，它需要通过一系列的行动去展示。

历经了商海的浮浮沉沉，体验了追逐名利路上的跌跌撞撞，最后发现平淡真实、从容知足、善良勤奋才是幸福人生的本质。也许是深知贪婪、虚伪、嫉妒、自私的痛苦，使得于东来更加向往阳光、自信、健康的生命状态，向往人们彼此真实、善良和友爱的生存环境，向往简单、纯粹、轻松的人际关系和做事理念。

他卸下了名利的裹挟，不再为虚荣和面子而生存，力求做一个心灵高贵、思想自由、活在当下、活出自我的人。因为学会了爱自己，拥有了爱的能力，促使他在商业之旅上选择了一条"少有人走的路"——把胖东来视为讲台，而非一个经商的企业；他是爱的传播者，影响着他的员工、合作伙伴、朋友、顾客，以及每一个认识他的人。

于东来曾在微博上说道："我背负着这么多责任、压力、风险、误解等，所做的这一切只是希望能让更多人从苦悲的生活状态中走出来……让更多人懂得爱自己，爱生活！懂得幸福的道理和活法！这样的状态可能是我性格的结果，也可能是我愿意、喜欢和热爱的原因！我的确是一个非常热爱生活的人。"[1]

虽然每个人的生命历程都是独一无二的，但于东来痛定思痛之后的这些感悟，以及他正在践行的生活方式和做事理念，是值得深思并引人自省的。

---

[1] 详见《东来关店进行时，受于东来"布道"思维影响？》，一财网，2014年9月18日。

第一章
因"爱"而生,为"爱"而来

2023年3月14日,于东来在联商网主办的2023中国超市周主论坛——中国超市总裁峰会上做了关于"学会爱自己、学会做幸福企业"的主题分享,其中有这样一段话:

> 把心静下来,真诚地爱自己,就会知道如何做企业。因为你明白了生命的真谛、生命的道理:要懂得尊重、懂得信任、懂得友善、懂得公平、懂得自由、懂得勇敢、懂得希望……当懂得这些理念的时候,你对待万事万物都会有敬畏之心,就不会做没有底线的事情,不会为了利益不择手段,甚至拿着自己的人格和尊严去获取利益、获取目的,不会让自己的生命活得这么累!现在很多企业家为什么有时候还会感觉没有尊严?是因为心不纯粹,没有真正尊重自己的生命,拿着自己的生命和人格,为了某种目的而牺牲了自己。[①]

站在商业的视角看于东来,许多人把他誉为"奇才"或"鬼才";如果跳出商业的视角,站在人的视角去看于东来,也许我们可以看到更深层的东西:**于东来不是在讲生意经,他是在讲生命哲学——认识生命之真,践行生命之善,创造生命之美。**

---

① 详见《胖东来董事长于东来:爱自己、学做幸福企业》,联商网,2023年3月19日。

爱员工：把员工当成完整意义上的人

无论是普通人经营关系，还是管理者经营企业，在某些地方都存在着某种共性。

如果生命中一直想得到的，可是到今天都没有得到，那很可能是你不愿意给予的。人是三分理智七分情感的动物，在情感关系上永远遵循一个"互惠定律"。

阿瑟·卡维特·罗伯特说："任何优异成绩都是通过一场相互配合的接力赛取得的，而不是一个简单的竞争过程。"胖东来一路走到今天，是于东来与团队高度配合，经由合作实现的共赢，他不仅把握住了人性化管理的精髓，更重要的是将其落到了实处。

企业界和管理界对人性化管理的探索由来已久，相继提出了各种经典理论。越来越多的企业开始意识到，人力不是企业财务报表上的"成本项"，而是企业整体经营中的"资源项"。不少企业也提出，要把企业当成家，要把员工当家人，但大都是流于形式。在实质的问题上，依旧是变着法子驱使员工干活，帮企业赚取更大的利润。

第一章
因"爱"而生，为"爱"而来

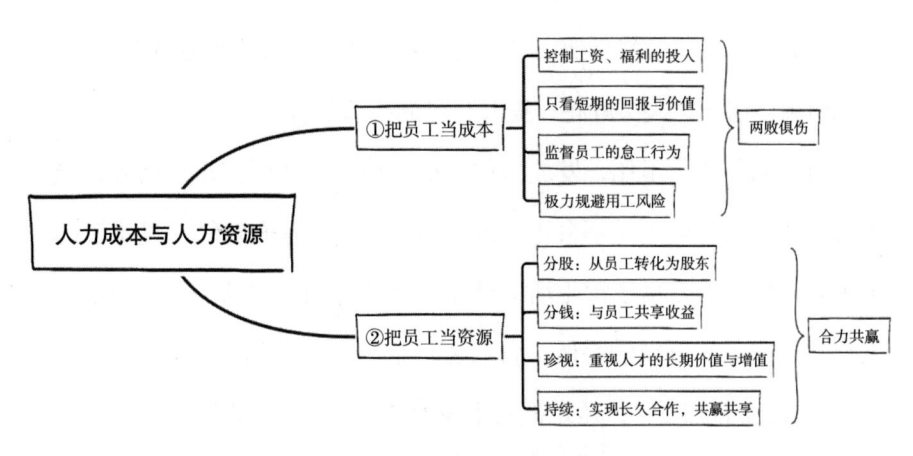

```
                          ┌─ 控制工资、福利的投入
                          ├─ 只看短期的回报与价值   ┐
              ①把员工当成本 ┤                      ├ 两败俱伤
                          ├─ 监督员工的怠工行为     ┘
                          └─ 极力规避用工风险
人力成本与人力资源
                          ┌─ 分股：从员工转化为股东
                          ├─ 分钱：与员工共享收益    ┐
              ②把员工当资源 ┤                       ├ 合力共赢
                          ├─ 珍视：重视人才的长期价值与增值 ┘
                          └─ 持续：实现长久合作，共赢共享
```

图 1-1　人力成本与人力资源

许多到访胖东来的企业家，在员工管理的问题上都遇到了类似的困境，最常见的就是员工的稳定性差、工作积极性不高。当他们知道于东来把 95% 的利润都分给员工和管理人员后，也曾向于东来请教分钱的方法，试图借助分钱的方式突破管理上的困局。

毋庸置疑，于东来的确会分钱，也敢分钱，他总是强调这句话："让创造财富的人分享财富。"然而，于东来一直以来践行的人性化管理，绝不只是"钱散人聚"那么简单，而是一个以"爱"为核心构建起来的体系。如果非要用一句话来概括，或许没有什么比这一句更合适："把员工当人，当成完整意义上的人！"

1. 把员工当人，是要看见人的存在

翻开胖东来的《文化理念手册》，里面描绘的愿景是——"培养健全的人格，成就阳光个性的生命。"所有员工入职的时候，胖东来不但会给

他们发放一本岗位实操手册,还会发给每个人一份《人生规划手册》,分享如何装修房子、购买鲜花,提升自己的生活品位。

员工来到企业工作,发放岗位实操手册是工作所需也是必须,绝大多数企业在岗前培训时都会这么做。可是,有几家企业关注过员工的人生规划,与他们分享经营生活的理念?两者之间的差别,不单纯是一份仅有几页或十几页纸的手册,背后还折射出了企业的人性观:把员工当成"获取利润的工具",还是把员工视为"自由独立的人"?

把员工当成"获取利润的工具",就会尽可能地从员工身上榨取利润,即使是增加一点工资和福利,也不过是为了换取员工更多的付出。

把员工当成"自由独立的人",就会理解员工的感受,重视员工的体验,在意员工的付出,像对待自己、对待亲人一样对待员工;就会明白他们也是身负多重社会角色的人,除了职业身份之外,还是父母或儿女,也有自己的家庭和生活。

只有看见"人",才会想到人的需求,给予人真诚的、落到实处的爱。

2. 把员工当人,是要尊重人的需求

马斯洛需求层次理论告诉我们,人的需求从低到高逐层排列的,分别是生理需求、安全需求、爱和归属感、尊重与自我实现。于东来或许没有刻意琢磨过这一理论,但他秉承着一颗"把员工当人"的心,拥有

第一章
因"爱"而生，为"爱"而来

"爱、善良、舍得"的人性底色，在经营胖东来的过程中将这一理论诠释得淋漓尽致，运用得得心应手。

衣食住行是维持人类生存的最基本的物质需求，于东来都替员工考虑到了，且逐一解决了，让员工没有后顾之忧。但他也知道，当这些基本的生存需求满足后，人还会产生新的需求，比如：人际交往、家庭归属、娱乐消遣、学习提升等。为此，于东来打破了国内零售业无假日的惯例，春节期间放假、每逢周二闭店、员工每年有一个月的带薪休假，在时间上满足了员工对亲情、友情、爱情的情感需求。与此同时，他也充分肯定员工的付出，用分股权的方式给予员工财务方面的安全感。在他看来，员工享受的股份是他们自己投入劳动力的成果，劳动力投入和资金投入是等价的。

3. 把员工当人，是要成就人的价值

人最高层次的需求是自我实现，这份成就感和价值感，来自承担重要且有意义的工作，感受到自我存在的价值，创造并享受生命的美好。

> 胖东来通过"星级员工评定"设置员工成长通道，星级员工不是终身制，每位员工都可以通过努力学习成为岗位或品类专家。这样的评定机制，不仅有效提升了员工整体的综合素质，也激发了员工的热情、潜质和创造力，不断满足员工更高层次的需求。

在传统的组织管理中，个人与组织是一种单向的关系，个人服从组织目标，且必须对组织目标有价值、有贡献。很多时候，组织为了实现

目标,常常忽略个体的需求。

　　作为企业的领导者,于东来自然也关注组织目标,但在实现组织目标的过程中,也兼顾了人的价值和意义。所以,胖东来不仅帮员工制定职业发展规划,让他们通过自身的努力获得事业上的成就感,还帮助员工规划人生、制定理财计划和生活标准,引导员工活出阳光个性的生命状态,拥有健全的人格,成为内心充满热爱的"生活家"。

　　到底什么是活出阳光个性的生命状态?其实,这句话是在谈自我实现。

　　很多人对自我实现的理解存在偏差,认为一定要做出多大的成就,或是成为了不起的人物,才算得上是自我实现。其实,自我实现没那么复杂,也没那么高不可攀。马斯洛对"自我实现"的解释很简单:"音乐家就必须作曲,画家就必须绘画,诗人就必须写诗。一个人能成为什么样的人,就必须做那样的人,真实地呈现自己的本性。"只要尽己所能成为可以成为的人,去做和自己能力匹配的事,过上可以过上的生活,就是自我实现。

　　惠普公司的创始人戴维·帕卡德说:"一家公司有比为股东赚钱更崇高的责任,这个责任就是对员工负责,承认他们的尊严。"于东来用实际行动诠释了对员工的爱,诠释了人性化管理,诠释了成人之美。他深信,只有让人在组织中有意义,才能解决创造力的问题,解决真实效率的问题,解决服务顾客的问题,也就是解决组织目标实现的问题。

爱顾客：像对待至亲一样关爱顾客

在谈论胖东来如何"爱顾客"之前，我想先分享一个跟可口可乐有关的故事。

几十年前，可口可乐把自己的"配方"视为最高机密。

据传，从20世纪20年代开始，可口可乐的保密配方一直被紧锁在亚特兰大的某家银行中，可口可乐公司用最高级别的安保措施来防止配方泄密。直到1986年，可口可乐公司决定将保密配方作为卖点宣传，于是公司将配方转移至可口可乐公司在亚特兰大的博物馆中。

博物馆的安保非常到位，就跟电影中看到的一样，这里配有掌纹识别系统门禁，有无数密码门禁，还有厚重的钢铁大门守护。可口可乐公司对外一直宣称，只有两位公司的高级管理人员知道配方的秘密，但是他们却始终没有公布这两个人的名字。而且，可口可乐还在广告中提到——知晓配方的这两个人绝不能搭乘同一架飞机旅行。

其实，在这个时候，所谓的保密配方，最大的意义就是成为可口可乐公司的一个营销噱头。近年来，可口可乐公司已经很少提及"保密配方"的事情了，他们知道，在科技如此发达的今天，想要破解一种饮料的配方并不是一件特别困难的事。那些大的饮料企业，也能够生产出和可口可乐类似的产品。

为什么那些饮料公司不这样做呢？为什么可口可乐仍是世界上最畅销的饮料呢？

这正是我要阐述的重点——有形的商品容易复刻，无形的体验却是独一无二的。

对于可口可乐的消费者而言，可口可乐给他们的体验，是无处不在的便捷，是延续了上百年的消费习惯，是沉淀已久的可乐文化。这些都是可口可乐在为消费者提供产品的同时，所附带的"体验附加值"。或许，其他的饮料公司也可以给消费者提供相似的产品，但如同可口可乐那般的体验却是难以企及的。

为什么顾客钟爱胖东来？原因就是，胖东来像对待至亲一样对待顾客，每一处细节里都渗透着对顾客的爱，这种体验在别处是难以获得的：

○顾客进店后，可以免费打电话、裁剪裤边、熨烫衣服等
○遇到下雨天，店里会主动给出门的顾客发放便携式雨衣

第一章
因"爱"而生,为"爱"而来

○下雪天进店,员工会用掸子帮顾客扫去身上的雪花

○入秋天凉时,店里会给顾客准备驱寒暖身的热姜茶

○各个卖场内,都配备微波炉、饮水机、免费充电宝、免费轮椅等

○冷热交替的季节,卫生间的水温会做出相应的冷热调节

○店内有免费借阅的报纸杂志,墙上有启迪心智的语录

○各种商品和品牌的来历、发展史,都有相应的介绍和说明

○……

只有顾客想不到,没有胖东来做不到。它让顾客切身地感受到,服务不只是增加销售的方法,而是传递温暖和真心,是钱财交易之外更为珍贵的彼此信任。

用心服务,方得人心。当地人喜欢去胖东来,哪怕是顶着烈日排队,哪怕要堵车一小时,大家也心甘情愿。曾有记者采访胖东来的顾客,为何如此钟爱胖东来?那位许昌老乡的回答很朴实:"就想让俺东来哥多挣点钱。"

爱出者爱返,福往者福来。这场双向奔赴的关爱,浸透在语言里,展现在行动中。胖东来向顾客诠释了,最好的销售不是产品,而是与人交心;它从来不是简单地把商品卖给顾客,而是把真诚、温暖、惊喜和快乐带给对方。

爱事业：发自内心的喜欢高于一切

史蒂夫·乔布斯说："工作将占据你生命中相当大的一部分，从事你认为具有非凡意义的工作，方能给你带来真正的满足感。从事一份伟大工作的唯一方法，就是去热爱这份工作。"

爱是一种存在于人与人或人与事物之间，包含情感、责任等因素的正能量。身处社会环境下，事业就是人一生的主旋律。想要在人生价值中实现满足感，最好的方式就是将热爱注入其中，以热爱作为事业的支柱，使它成为事业旅途中不竭的动力来源。

这些年来，"热爱"一词始终贯穿在于东来的个人生活与企业管理中。他曾尖锐地指出，中国的零售业之所以缺少优秀的零售企业，因为没有几个人是真正地喜欢零售行业，大都是为了面子、责任、荣耀和利益。在他看来，真正的企业和企业家应当是发自内心地喜欢做企业，愿意为顾客创造价值，给社会带来美好，为全人类贡献智慧；而不是为了名利和荣耀，那样的话，人生就会失去价值与美好，企业也很难持续健康地成长。

在经营胖东来的过程中，于东来散发出了一种充满感染力的"燃性"。

第一章
因"爱"而生,为"爱"而来

什么是燃性呢?稻盛和夫将其解释为"燃烧的斗魂",指对事物的热情。

> 自燃性的人是指先对事物开始采取行动,将其活力和能量分给周围人的人;可燃性的人是指受到自燃性的人或其他已活跃起来的人的影响,能够活跃起来的人;不燃性的人是指即使能从周围受到影响,但也不为所动,反而打击周围人热情或意愿的人。

毋庸置疑,于东来就是一个自燃性的人,他传递出的是真诚、温暖、美好的能量;胖东来的员工、顾客乃至不同行业的友商都是可燃性的人,都被他的经营思想和生活理念所打动。

如何才能拥有"燃烧的斗魂"呢?答案很简单,内心一定要对所做的事充满热爱。

无论是经营一家企业,还是从事一份工作,如果对所做之事没有喜爱之情,就不可能对它充满兴致,也不愿意进行深度思考,更不会思考怎样才能把它做得更好?即使是去思考、去努力,也是带着强烈的功利性目的,完全是一种被迫应对的状态;哪怕最后真的做出了成就,也很难体会到真正的喜悦,还可能会被更大、更多的欲望裹挟前行。

在做企业方面,于东来的想法有些特别,希望做自己喜欢的事,在轻松和快乐的状态下经营企业,不断迸发出好的理念、好的方法,再富有力量地将这些美好的东西传播出去,让美好实现裂变;希望每一位企业家或高管，都能成为有思想、懂生活、有追求、健康快乐的人，而不是背负着沉重的责任包袱在无奈中求得生存。

他深信，没有发自内心的热爱和喜欢，很难把一件事情做出新意，也很难从中获得快乐。所以，胖东来对团队的要求是快乐，能力不足可以慢慢提升，但快乐不可或缺。如果失去了热爱与快乐，就失去了做好服务的根基。不管企业将来朝着哪一个方向走，都不能违背健康、高尚、快乐的初衷。在这个基础上，于东来又提出了他对"企业家的目标"的独特见解：

"第一，有信心、有热情地做企业；第二，乐观积极进取，不挣钱或是能力不足，果断把企业关掉；第三，做了这么久，还是不喜欢，就准备放下。硬要往前走，会遇到更大的风险，倒不如现在放下。辛辛苦苦付出这么多，一定不能失去快乐。"[①]

离成功最近的一条路，不是模仿，而是热爱。

当一个人喜欢自己所做的事情，便能从中感受快乐、体现个人价值、感受生活的意义，同时也能给其他人传递快乐。在这样的状态之下，人的心态会更平和，脚步会更从容，内心会更纯粹，做事会更专注。

于东来曾与员工分享过自己在瑞士旅行时的一段经历：

---

① 详见《美好之路：于东来首期学员班分享实录》之"企业家的责任"，第15页。

第一章
因"爱"而生,为"爱"而来

记得我去瑞士的时候,有一个卖木雕的小店,进门就看到一墙的雕刻工具,产品也不多,但是雕刻的每个作品看起来都非常自然、美好,让人从中感受到瑞士的文化。当时我买了一对雕刻的牛,还有一个雕刻的时尚女郎,穿着比基尼躺在沙滩上,我觉得这就是一种美好生活的象征,到现在还把这些雕刻一直放在房间最珍贵的地方。

瑞士产生了那么多好品质的品牌,无论酒店业、医疗业、金融业等各个方面,那么小的一个国家,面积只有河南省的1/4,却为世界、为人类贡献了那么多好的、顶尖的技术和文明的人文环境……胖东来做事也要像瑞士那样,不能为社会产生负担,做自己喜欢的事、成就自己的价值、成就自己美好的人生和美好的生活,造福自己,也造福社会。这样的做事理念无论选择什么,都是最美好的。即便做乞丐,也是世界上最美好的乞丐,阳光、洒脱、自由、轻松、真诚,按照这个理念做事情的时候,广度就像宇宙一样永远做不完。[①]

于东来经常鼓励员工在休假期间外出旅行,因为他知道,人只有先观世界,才会有世界观。胖东来践行的许多经营理念,正是于东来在走访世界各地、汲取优秀文化之后的沉淀与输出。他秉持一个观点,人不能只是站在自己的位置去思考问题,还要站在世界的各个层面来思考问

---

① 详见胖东来商贸集团网站,于东来与公司内部店助以及管理层内部分享讲话,有改动。

题，站得越高，看得越远、越宽、越清，才知道哪个方向是最正确的。

零售业是最具人间烟火气的行业，也是距离民生最近的行业，但要成为让顾客喜欢、乐意掏钱购物的商超企业，着实不易。可是，胖东来做到了，且拥有了一大批忠实的"粉丝"，因为它带给顾客的不只是商品，还有美好的生活理念，以及一群内心充满爱与欢喜的人。

热爱是做好一切的动力之源，恰如于东来所说："只有喜欢的时候才会专注、才会投入，投入自然就会真诚、能产生情感，最后情感就产生了品质、产生了美，美就上升到了艺术，创造出能为社会增添很多让人幸福的、快乐的、喜悦的东西。

爱生活：用休息的时间培育爱与自由

新春佳节，向来是举家团圆的日子，令人期待和欣慰的是还伴随着一个小长假。可是，对于零售企业来说，春节是生意最好、人流量最大的时候，从业者们不敢奢望像其他行业的人们一样休个小长假，只盼着每天能够少加一点班，早点回去缓释一下身心的疲累。

同样是从事零售行业，胖东来的员工早在十年前就免除了这样的困扰，因为"不走寻常路"的于东来，相继推出了颠覆行业传统及惯性思维的放假举措。

2012年3月，胖东来集团发布公告："自今年4月起，每周二为胖东来闭店休息日，春节从除夕到年初四闭店休息5天。"2014年，胖东来集团又发布公告："自本年起，全体员工将增加一个月带薪休假，具体休息时间由各部门自行安排决定。"

这个举措一出台，所有人都感到惊愕：一家零售企业，一个大型商超，竟然每周二要闭店，春节要放假5天？这完全是"反商业"的行为！在整个零售行业，时间就是金钱，开门营业才有收益，闭店会严重损失效率。即使是外行，也能算清楚这笔账：闭店一天会损失高额的租金、损失大量的人工成本、错失一天的客流量、错失一天的营业额……如果每周都要闭店一天，对一家百亿级别的超市连锁企业来说，足以让营收减少千万级别。

从商家的视角来看，这是一个"反商业"的行为。可是，直至今天，胖东来仍然在这样做，敢这样做的仍然只有胖东来。更令人惊诧的是，这些看似"反商业"的制度，竟完全没有影响胖东来的商业效率，只要是开店日，胖东来永远是人来人往、川流不息。在周二闭店日，周围的竞争对手经营数据也不理想，因为顾客都在等着胖东来开店。

许多人看不透：为什么看似"反商业"的制度，最终却成就了胖东来？

其实，想看懂这个问题，还是得跳出"商业"，回归到"人"。

每个人都有家，家是身心的归宿，是应对挫折的勇气，是安心做事的前提。于东来希望员工每年春节都有5天的时间回归家庭、回归自我，每周都有一天属于自己的时间。这种休假不走形式，因为胖东来不允许加班，如果员工加班或不休假，就会被开除。

宁肯减少营收，也要让员工休假，于东来的初衷很纯粹，思考逻辑也很简单：长期以来，零售业基层员工的休息权长期被忽视，他们也渴望有完整的生活，也渴望陪伴家人，也渴望有自己的独处时间。**爱不是一种状态，而是一种行动，是选择与"谁"建立联结。如果连休息的时**

第一章
因"爱"而生，为"爱"而来

间都没有，如何去培育爱与自由呢？

我们辛勤工作的初衷是什么？于东来对这个问题深有感触，他也一直在分享自己的生活理念：先是为了让自己和家人生活得更好，而后才是在事业上获得成长和成就。感情是弥足珍贵的体验，从休假的举措上即可见得，于东来对员工的关心是真诚的，不是简单地摆个样子。他忌讳这种虚伪与做作，信奉人与人之间要以"黄金法则"来相处：

> 你希望别人如何对待你，那你就用这样的方式去对待别人；你不愿意别人假惺惺地对你，那也不要假惺惺地与人东拉西扯，即使你是老板。在情感的世界里，无论身份、地位和角色，每个人的感受都是一样的，每个人都有被尊重、被爱的权利。

1. 胖东来不走形式的休假，是为给予员工陪伴家人的时间，增进家庭感情。

芭芭拉·布什说过一句极具启发性的话："在你的生命尽头，你永远不会后悔没有通过某一次考试，没有赢过某一次判决，没有促成某一次交易。你后悔的是，没有花时间和伴侣、孩子、父母以及朋友在一起！"

每周拥有一天的假，可以亲自接送孩子上下学，可以在家精心地准备一顿晚餐，可以和家人一起享受放松、美好的晚间时光。家庭的本质是彼此相处，与家人共度时光可以减轻压力，这是一个人最重要的社会支持系统。相关研究表明，家庭共享时间的频率越高，婚姻的稳定性和幸福感越好；孩子置身于其中，也能够学会尊重、关爱，促进人格的健康发展。

2. 胖东来不走形式的休假，是为给予员工自由支配的时间，补充情感精力。

长期处在同一环境中，从事高强度、高压力的工作，会令人心生厌烦和焦虑。零售业是服务行业，面对精力上的重度耗损，最有效的补充正向情绪的办法就是，留出一点空间和时间，享受自己的"满足时刻"。胖东来不走形式的休假，为的正是给予员工时间上的自由、身心上的缓释，让他们放飞自我、陪伴家人、做喜欢的事情、与朋友小聚畅谈，为自己补充情感精力。因为快乐是维持最佳表现、让情绪恢复的重要资源。

在这个节奏飞快的时代，工作、金钱、权势成了一部分人世俗意义上的成功标准，许多人直到耄耋之年才感慨，那么美好的青春，那么珍贵的时光，竟然都是用工作和挣钱来填充的。回头想想，牺牲了健康，淡漠了亲情，忽略了美好，换取金钱和所谓的成功，真的值得吗？脱去虚名与成就，人生还剩下什么呢？

热爱生命、热爱生活的于东来，不希望自己的人生留下这样的悔恨，也不希望让自己的员工们背负这样的遗憾。在他的心目中，健康、情感、自由和爱是无法用金钱取代的。人生苦短，不可重来，留出一点时间给自己和家人，看看大自然的样子，感受季节的变化，聆听艺术的召唤，这些事情不会让人变得富有，却会让生活变得更有趣，让人生变得更有意义。

爱社会：成为传递爱与善的美好企业

马克·吐温说："人的一生有两个最重要的日子，一天是出生，一天是找到自己的使命。"

什么是使命？通俗地讲，就是为什么而活？在追问人为什么而活时，探讨的是生命的意义；在追问企业为什么而活时，思索的是商业的意义。

赚钱是企业的功能，规模、利润、市值是企业的存在形式，这些都不是企业的使命。通过提供产品和服务推动社会进步、促进经济发展，让商业惠及社会、惠及人民，才是企业的使命。企业有什么样的使命，就有什么样的人格特质，就有什么样的经营方式。

迪士尼公司的使命是"Make the world happy"，让世界快乐起来。所以，他们最早招进来的员工都是很开心的人，悲观的人没办法融入这个公司。他们的戏剧、电影，所有东西都是让大家开心。

GE（通用电气）公司最初的使命是"让天下亮起来"，从老板到员工，包括管传达室的，每个人都希望让只能亮两三分钟的灯泡可以坚持二十分钟乃至更久，所以加入 GE 的人充满着"我的工作是让世界亮起来"的荣耀感。

翻开胖东来的文化手册，便可清晰地看到其企业文化、使命与价值准则：

【信仰】自由与爱

【使命】传播先进的文化理念

【愿景】培养健全的人格，成就阳光个性的生命

【价值观】扬善，戒恶

扬善：阳光、自由、尊重、信任、真诚、公平、正义、勇敢、博爱、节制

戒恶：虚伪、无知、自私、自卑、嫉妒、贪婪、束缚、伤害

【生活准则】健康、安全、爱情、家庭、理财、居家、休假

使命，不是写在墙上给别人看的，而是融入骨子里的一种信念；使命无论公司大小，重要的是精神内核。使命，在公司生死攸关、重大利益抉择面前，能够突显价值。

1995 年，于东来向兄长借了 1 万块钱，开了一家不到 40 平米的糖烟酒小店，名叫"望月楼胖子店"。于东来承诺，坚决不

第一章
因"爱"而生，为"爱"而来

卖假货，靠着这份"真"与"诚"，他赢得了"好人红利"。

1997年，于东来将小店升级成烟酒购物中心，并提出了全新的服务理念——用真品换真心，不满意就退货。正当他准备一展宏图时，一次意外却让所有计划成为泡影，也彻底改变了于东来。

那是1998年3月，几个无业游民到店闲逛，与店员发生了争吵。当时，于东来选择了报警，没想到很快就遭到了蓄意纵火的报复。这场大火，烧毁了店里的所有东西，还带走了八条鲜活的生命。

生意可以重新开始，生命却没有机会重新再来，这是于东来最难以释怀的痛苦。他一遍又一遍地自问：为什么员工会跟顾客吵架？为什么城镇里会有无业游民？为什么人与人之间不能多点友爱？为什么社会中会有这么浓重的戾气？他深陷自责的茧房，认为如果自己不开店，也许就能避免这场灾难。

那段时间，店里的员工不敢离开于东来，生怕他走极端。许多顾客听闻火灾之事后，纷纷打电话慰问或是亲自来探望，还有人给他送钱送物，都希望他能早点振作起来。大火烧毁了"胖子店"里的真品，可那些被他的诚挚与信誉滋养过的真心，却一个接一个地浮现。

这一次的磨难，让于东来深刻地领悟到，什么才是人生中最重要的东西。从那时开始，他的社会责任意识开始萌芽，而他也在心里默默种下了一颗爱的种子。

顾客的真心，带给了于东来重新开业的动力；爱的种子，激发了于东来回馈社会的信念。他说，无论胖东来是挣钱还是不挣钱，为了群众的这份情谊，也应当做好自己的工作。

从1999年胖东来量贩开业，到2022年胖东来营业额突破70亿元，二十多年的时间，外部的大环境以及整个零售行业都发生了十倍速的变化，许多企业开始疯狂地追求规模、利润、市值等指标，带来了野蛮生长与血腥拼杀。然而，在经历了人生的起起落落、生意的浮浮沉沉之后，于东来对生命、对生活、对生意都有了全新的认识，相比利润、规模而言，他更渴望的是打造有使命感、有自身特色、对社会有益的胖东来，回馈给顾客真诚贴心的服务，为员工提供个人成长与自我实现的平台，把美好的生活理念与工作理念分享给更多的企业。

这一切最终被于东来浓缩成五个字——爱在胖东来！他将爱作为企业的基本信仰与价值观，立志于创造爱、分享爱、传播爱，力争让胖东来成为向上而生、向善而行的美好企业。

曾有人问：生意人、商人和企业家有什么区别？

生意人是"为赚钱而活着的人"，甚至会为了赚钱不择手段，禁不住利益的诱惑，没有原则和底线，其境界就是"小人求生，无所不为"。

商人是"通过做事来赚钱的人"，有所为、有所不为，知道什么钱该赚，什么钱不该赚，拿该拿的，弃该弃的，有自己的原则和底线，其境界是"君子爱财，取之有道"。

第一章
因"爱"而生，为"爱"而来

企业家是"做事并赚点钱的人"，有明确的理念和品质，有服务社会、为社会输出自身价值的抱负，充满人文情怀，渴望改善人们的生活，创造社会财富。

一个不会赚钱的企业不是一个好企业，一个只会赚钱的企业也不是一个优秀的企业。一个优秀的企业应当有企业家精神的掌舵人，有历史使命感，有良好的企业文化，有高度的员工利益捆绑，有精神追求，有高成长或分红。

于东来认为，做企业要有企业的标准，做企业家要有企业家的标准，企业不是满足个人的私利，而是要推动社会的进步。于东来从未宣言要成为一个怎样的企业家，可是他给予员工和顾客的人文关怀、围绕民生与品质规划商品的做法，无疑都凸显了他对社会利益的关注，凸显了一个优秀企业家的思想与格局。

在他看来，超市行业就是量力而行地保障民生、保障老百姓的基本生活需求，这是做超市的价值，如果连最基本的民生都保障不了，何谈好的发展？超市肩负的是保障民生的使命，不能愧对自己从事的行业，不能只想着以金钱和利益为目的去做企业。

一个人思想的高度，决定了他人生的高；一个企业家的格局，也决定了企业的结局。在未来的商业之路上，善念与大爱，考验着每个行业、每个企业和每个人的命运。美好的社会，需要像于东来一样拥有善念与大爱的企业家，也需要像胖东来一样心系民生、服务社会、传递美好的良心企业，而这正是胖东来存在的意义和价值——"一灯照隅，万灯照世"。

或许，你一直以为你睁开着双眼，
但是你其实一直在昏睡

第二章

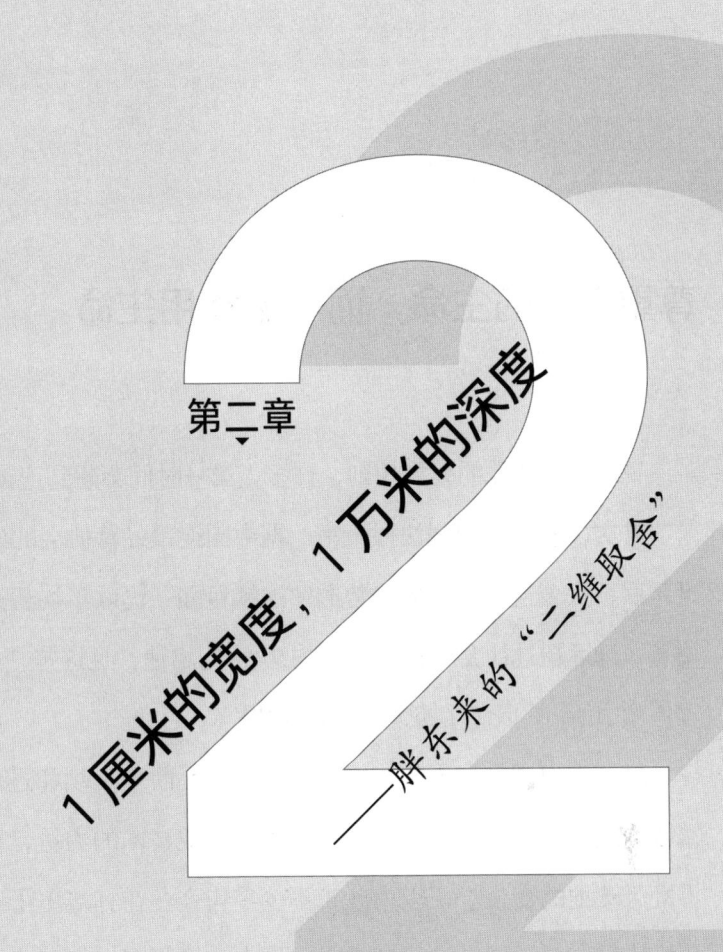

1厘米的宽度，1万米的深度

——胖东来的"二维取舍"

尊重自己的生命，而不是利用生命

说起零售企业的发展规则，许多人第一时间会想到连锁扩张。

其实，有这样的想法很正常。据中国连锁经营协会的统计，进入21世纪后，代表连锁业发展趋势的"连锁百强"仍以年均超过50%的速度增长，远远超过社会零售总额年均9.4%的增速，且这些"连锁百强"在零售额中所占的比重，仍然在逐步地提高。

复制的力量是惊人的，它可以让生命不断地延续和进化，可以让财富创造的速度提升无数倍，可以让思想变成技术的力量，复制带给了世界翻天覆地的变化。正因为此，不少零售企业在打造出了一个成功的单店模式后，都渴望借助复制的方式扩大市场版图，甚至迫切地想在几年之内就把企业的门店开遍全国，奔向上市之路。

当大多数零售企业朝着规模扩张的方向前行时，胖东来选了一条少有人走的路，它固守在许昌和新乡两地，非但没有想着扩张，甚至还主动关店、缩减规模。

2013年4月30日，于东来在个人微博上发布了一条消息：

第二章
1厘米的宽度，1万米的深度

新乡胖东来将在物业合同到期后（2015年底）关闭。2015年12月21日，元旦即将来临，胖东来平原路店一大早就有人来排队，等着商场开门。当顾客涌入胖东来百货后，看到商场已经在醒目的位置发布了闭店的公告，商场的广播里也传出了相应的消息，告知这是胖东来百货营业的最后一天。

虽然是最后一天营业，胖东来的卖场却和往日一样充满秩序感，员工也和平时一样正常理货、补货，没有任何"清仓甩卖"的随意迹象。顾客们的内心情绪是复杂的，不少人到胖东来百货并不是为了买东西，只是为了再看看这个无比熟悉又充满温情的地方。从早上开门一直到晚上，商场里的顾客络绎不绝，那一天，胖东来临时把营业时间延长到晚上12点，大家对这个熟悉的地方充满了不舍。

为什么胖东来百货要在这个时候闭店呢？

许多人把问题的根源指向了租金。2015年12月7日，中国经营报发布了一篇报道《中小零售企业关店潮涌，胖东来不堪重负关店收缩》，内容提及新乡胖东来百货与新乡靖业公司签订了房屋租赁合同为期十年，2015年底合同到期，靖业公司提出上涨租金，从原来的一年800万元涨到一年1500万元，胖东来未接受这一条件，两者协商无效，只能闭店。

真的是房租涨价难以承担才选择闭店吗？这似乎并不能成为一个充足的理由。

首先，胖东来百货的运转并无异常；其次，胖东来深得顾客的喜爱；

再者，新乡政府为了挽留胖东来也一直在做工作，因为胖东来入驻新乡以来，给新乡的市民带来了优质的商品和服务，也推动了当地服务业的发展。更重要的是，这也并不是胖东来第一次闭店了。早在三年前，也就是 2012 年 1 月底至 9 月底，胖东来就关闭了望甜店、许扶店、光明店等旗下的十几家店，几乎放弃了其经营多年的连锁超市业态。

面对外界的猜测与质疑，于东来发表了《致新乡人民的一封信》，对闭店的原因作出了解释。他说，想要留在新乡确实有许多办法，可自己的身体和能力不太允许，也不想让新乡管理团队的兄弟姐妹们承担过多的压力和责任。2013 年 6 月 21 日，于东来在微博上提及了自己和妻子的身体状况："我们夫妻俩一个心脏手术，一个癌症手术，我们依然与阳光同行。"

身体原因，的确是于东来选择闭店的一个重要因素。2022 年 5 月 12 日，于东来在线上视频会议中与学员班的伙伴们交流时，说起了自己的心路历程与感悟：

> 即使我们的店比原来缩小了 90%，甚至我们的企业关了，但是只要开心就行。我们很开心，比原来更开心就是成功，我觉得这才是最终的结果，让更多的人找到生活的这种美好状态。这样，我们自己也不至于将来再走到身不由己的地步。
>
> 特别是不能走到像我今天的这种状态。我看着挺好，其实身体非常不好，我已经是胃癌的前期，可能是今年或者是明年，就要达到动手术的程度了，这是已经改变不了的。我身上其他

第二章
1厘米的宽度，1万米的深度

的病还有很多，而且很多都是判了死刑的，肺判过死刑，肝脏判过死刑，结肠判过死刑，肾脏也是非常不好。所以说，我身体的器官基本没有一个是好的，这就是原来盲目地操心劳累所致。所以，我希望大家不要让自己的身体走到这种地步，因为太痛苦了，太划不来。

人们按现在的生活环境，活80岁至100岁都是非常轻松的。但是我们很多企业家身不由己，整天精神紧张，可能在得到某种物质和荣耀的时候，只能拿自己的身体、人格来换，其实是很划不来的。我希望更多的人不要走这个弯路。[①]

因为经历过失去的痛苦，才懂得拥有的可贵；因为走过弯路，才不愿他人重蹈覆辙。

于东来渴望用自己的经历"唤醒"更多的人，让更多的人明白：在追求美好生活的道路上，奋斗理所应当，节奏和状态不可忽略；要尊重自己的生命，而不是利用自己的生命。

尊重生命，是把员工当人，把顾客当人，也把自己——别人眼中的企业家，当成有血、有肉、有情感，会累、会倦、需缓冲的人来对待。然而，置身于现实中，许多企业和经营者为了追逐规模和利益，有意或无意地忽视了这些东西，将员工视为工具，用各种营销手法愚弄顾客，就连经营者自己也被欲望裹挟沦为赚钱的机器。在这种状态下，每个人

[①]《美好之路：于东来首期学员班分享实录》之"学员班系列分享实录第二课"，第78页。

都很辛苦、都很焦虑，完全失去了生活的意义，只是扮演了一个工具的角色。

于东来说："盲目地发展，无论将来结果如何，这个过程一定是辛苦的。就像夫妻之间，总是想着等到有钱了再享受生活，再好好相爱，再让孩子更幸福，等到多年以后有钱了，健康也没有了，美好的时光也被浪费了，这就是我们的这种生活方式，很多人还不知道自己的这种生活方式是多么的悲壮。"[1]

所以，当世俗的成功与利益的诱惑，撞上了生命的质量与生活的意义，且两者不可兼得时，于东来毫不犹豫地选择捍卫后者。人生不只有工作和金钱，他希望自己活得轻松一点，希望胖东来成为一个能给社会带来美好、给更多人带来幸福的企业，让更多的人过上有品质、有乐趣、有价值的人生。看懂了于东来的这一初衷，也就不难理解他的抉择了。

---

[1]《胖东来创始人于东来的100条商业思考》，砺石商业评论。

锁定欲望的宽度，追寻品质与深度

许多人都知道，古希腊德尔菲神庙上有这样一句话——"认识你自己"。其实，除了这句话，还有一句没那么出名的忠告——"适可而止"。有学者解读说，唯有知道什么是"过度"的人才能遵守这句名言。换而言之，只有真正了解自己的贪婪、暴怒等一切逾矩的人，才愿意接受约束、规范言行。

胖东来放弃超市业态，陆续关闭多家门店，是多种因素综合作用的结果。

在提及关店的原因时，于东来着重强调了两个关键词——身体和能力。他的目标是成为"爱的传道者"，希望在轻松快乐的状态下经营事业，而不是背负压力、透支身体健康，这是其一；如果你看过胖东来在网上的公开资料，或是看过于东来的演讲视频，那么你可能也听他说过这句话：**"欲望大于能力是一种灾难。当不成熟的时候，钱挣得越多，可能挖的陷阱越大，钱不是甜蜜的，而会成为毒药。"** 而这也是他选择闭店的第二层原因。

于东来在新乡电视台制作的节目《爱的力量》中，提到了关闭新乡胖东来百货的原因，他说："许昌现有的店拿到瑞士，拿到世界的任何一个国家，都可有品位……新乡那俩卖场，我都不敢见，看见了我就感觉跟垃圾一样，跟自己的目标离得太远了。"

其实，胖东来关闭的这些店大都盈利尚好，并不是因形势所迫而关，压缩规模是于东来的主动选择。在欲望与能力之间，在利益与品质之间，他再次选择了后者。他并不认为闭店是自损的行为，而是将其视为一次心灵的洗礼与成长。

1．胖东来的主动闭店，是对健康与财富的平衡。

早年的于东来，有过单纯追求速度和规模的经历，也曾为此付出了巨大代价。现在主动选择闭店，是因为他对生命、对生活、对事业有了更深刻的理解，他不想委屈自己，背负沉重的压力，让员工也陷入辛苦疲惫的状态；他更渴望实现工作与生活的平衡、健康与财富的平衡。在企业发展的问题上，他是理性而清醒的，想遵循量力而行的原则，不过分追求规模强大，提倡自由、快乐，活出阳光有个性的生命。

2．胖东来的主动闭店，是对欲望与能力的校正。

许多企业经营者在追求规模扩张的过程中，存在急功近利的心态，恨不得一下子就踏上康庄大道。他们敢想敢干的魄力令人佩服，而且有些经营者的确也带领企业在短期内获得了明显的成就，但这些企业的内核并不稳定，抗风险能力不强，外界稍有一点风吹草动，就可能动摇整

第二章
1厘米的宽度，1万米的深度

个企业的根基。这里所说的不只是小微型的零售企业，有些大型的知名连锁企业，也在追求规模扩张的路上走过弯路。

2007年，全国餐饮业的标志性企业全聚德上市，这一消息震惊了整个餐饮业。对全聚德进行过细致研究的人都知道，全聚德走到上市并非一日之功，期间也经历了数次失败，是这些经验让全聚德找到了传统服务连锁发展的光明之途。

在距离上市前两年，也就是2005年，全聚德这个北京老字号正式退出成都市场，这意味着它在成都特许经营的尝试失败了。在此之前，全聚德南京店、深圳店、杭州店、汕头店、广州店已经先后关闭或经营失利，给全聚德造成了一定的冲击。

市场上的报道，纷纷给全聚德扣上了"五连败"的帽子。尽管对于这样的报道，全聚德并不太认同，也给出了一些客观原因，但是，不可否认的一点是，全聚德南下一路遭遇的失败，与它过于追求速度不无关系。

最初，全聚德是想依靠加盟店来实现规模快速扩张。一方面，加盟不需要公司投入大量的资金；另一方面，发展起来速度也比较快。可当速度提上来后，各种问题也接踵而至，比如合作方选择不慎，对南方消费市场研究不到位，经营特色出现动摇，成本控制不太理想等。

意识到这些问题后，全聚德迅速做出了调整：在北京以发展直营连锁为主，以特许连锁为辅。通过把直营企业做强，让其成为全聚德发展特许连锁的根基。在市场布局上，选取6~8个中心城市建立区域公司，以此为中心，在省会城市重点开发区域直营连锁企业，在地区级城市开发特许连锁企业。历经了试图通过特许经营快速发展的错误道路后，全聚德把重点转移到了企业内部管理和建立自己的直营门店上。这一系列的做法，最终让全聚德扭转了不利的局面，转败为胜。

在企业发展的路途中，有理想、有目标固然好，可当欲望大于能力时，灾难往往也会随之而来。那些持续经营的连锁百强，没有哪个是一蹴而就的，都是在长期发展的过程中不断借鉴和积累先进经验，化为自身的能量，从而实现持续发展。当企业尚不够成熟的时候，把心态放平一点，脚踏实地一点，发现和借鉴他人的优势经验，化为自身可支配的力量，才是成本最低、速度最快的成长方式。

3. 胖东来的主动闭店，是对业态与经营模式的升级。

在自然界中，物种想要生存下来，最重要的是复制和进化，以此来适应环境的变化。同样，在商业界里，企业要想生存下来，也离不开这样的模式。对零售企业来讲，不仅需要锻造出自身强大的复制系统能力，还要结合外部环境的变化，不断对自身进行升级。

无论是多么悠久的老牌零售店，如果不能满足消费者更高层面的需求，不能让消费者满意，销量和销售额必然会下降，最后的结局就是被无情地淘汰出局。从残酷的程度上看，存活于商界不比存活于自然界容

第二章
1厘米的宽度，1万米的深度

易，适者生存的法则是相通的。

回顾来时路，于东来感慨自己过去因急于求成，贸然进入多种业态。规模一大、业态一多，就不如开始时做得那么精细了。这也反映出自身的经营管理能力尚不足以管理这么大规模的店面，无法让员工在轻松自由的状态下工作和成长，也无法确保企业文化理念的落地。如果服务不达标，顾客就会失望，员工也会丧失积极性，这与胖东来的初衷是相悖的。

为了让自己和员工都能保持一个稳定的、良好的状态，更好地服务顾客，于东来选择在势头最好时进行调整，根据自己的实际能力控制企业的规模和业态，把经营效益和经营理念置于同等重要的位置，借由企业文化和制度实现自我进化。

2016年9月2日，距离新乡胖东来百货闭店9个月之后，新乡胖东来重新开业，这一次它有了全新的名字——胖东来·大胖。

全新亮相的胖东来，实现了"人、货、场"的全方位升级；在关店与重新开业的过程中，胖东来的员工队伍也实现了优化；借由门店更替，全新的管理制度也开始落实，胖东来整体的经营管理水平都得到了提升。

胖东来开业当天，火爆的场面着实令人震惊，仅仅开门营业一小时，胖东来不得不紧急闭店，因为门店超过了最高接待量，为了避免安全隐患，于东来亲自关门谢客。之后，为了完善细节，门店决定延迟两个月再开业。

在零售行业中，"人、货、场"是三个永恒不变的要素，新零售时代亦如是。

在物资匮乏时代，传统门店的经营很简单，只要为消费者提供所需的商品就可以了，因为商品短缺、品类有限，没有太多可选的余地。随着物质条件变好，商品种类逐渐增多，场地就成了三要素中的核心，谁先抢占优势场地，谁就能抢占先机。现在是智能商业时代，许多东西不一定要跑到商店去买，线上购物也可以，还能免费送到家。所以，新零售的经营理念是一切以"人"为中心，消费者喜欢什么、需要什么、追求什么，就要经营什么。

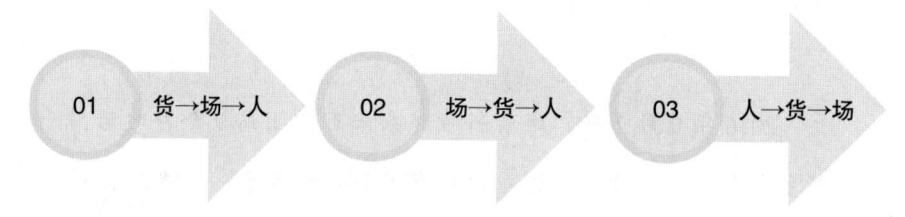

01 货→场→人	02 场→货→人	03 人→货→场
核心要素：货	核心要素：场	核心要素：人
物资匮乏，商品品类与规模有限，供不应求，无需担心滞销的问题。	物质财富日益丰富，商品不再稀缺，场地是核心，占据黄金位置，等于占得先机。	人是新零售的核心要素，不仅要求商品品质，还要求获得更好的服务与体验。

图 2-1　零售行业三要素的关系更迭

时代就是一个超级漩涡，而企业的处境就跟落入漩涡中的人如出一辙，如果看不清发展的趋势，就会被时代的漩涡吞没；顺应发展的趋势，方有逃离险境、重获新生的机会。一个企业想存活和发展，必不可少的就是前瞻性的思维，能够看清局势、预测未来。

第二章
1厘米的宽度，1万米的深度

从来都是企业主动适应时代，没有时代主动迁就企业的先例。

胖东来从闭店到重新开业，背后是于东来对"人"的高度关注，对品质的精益求精，他的这一生命哲学与做事理念，契合了新零售的本质与核心——"一切出于人，一切为了人"。

曾有人质疑，胖东来的"一闭一开"是不是饥饿营销？

从表面上看，两者确有相似之处；从本质上看，两者却是大相径庭。

巴菲特曾经说过："人人都想一夜暴富的年代，不赚快钱是一种难得的境界。"

于东来从未想过要用什么样的策略和手法做营销、谋利润，如果是为了规模和利益，他完全可以在势头正好时把握机会，可他没有这么做。上海自主创新工程研究院院长王慧中老师，在谈及胖东来闭店的问题时，曾经引用了美国诗人罗伯特·弗罗斯特的一首诗来诠释于东来的抉择，细细品味，真是再贴切不过——

"黄色的树林里分出两条路，可惜我不能同时去涉足，我在那路口久久伫立，我向着一条路极目望去，直到它消失在丛林深处……也许多少年后在某个地方，我将轻声叹息把往事回顾：一片树林里分出两条路，而我选了人迹更少的一条，从此决定了我一生的道路。"①

---

① 节选罗伯特·弗罗斯特的代表作品之《未选择的路》。

超越钱的格局，只赚取合理的利润

古人有云："观人于临财。"

钱是一面镜子，透过一个人的钱品，可以窥见其人品。在商业领域中，企业经营者对待金钱的态度，也折射出了个人的格局，更决定着企业的走向。

对企业来说，没有利润就无法生存，追求利润不是可耻之事，也不违背做人的道理。面对激烈的市场竞争，许多零售企业都在想方设法地扩大企业的生存空间，带动员工一起完成既定的利润目标，为企业的持续发展积累资本，同时也实现个人财富的增值。

作为胖东来的老板，于东来似乎没有太大的"野心"，甚至还显得有些"佛系"。当别人苦苦地求发展、拓展规模时，他却嫌自己的企业太"大"了，不仅主动缩减规模，还主动控制利润的增长。

有一次，于东来在直播间里直接表明态度："药店赚很多钱是不合理的，之前因为胖东来的药店利润太高，我把负责人直接清理回家了。"这条视频引发了网友的热议，大家简直不敢相

第二章
1厘米的宽度，1万米的深度

信，竟然还有老板嫌利润太高的？难道真有人跟钱过不去吗？

这就要回到文章开头时提到的那句话——"观人于临财"。

于东来之所以将药店负责人开除，是因为他向医药从业人员详细地了解了药品的利润率，而药店的负责人将药价定得过高，促使他对旗下的医药门店做出调整。

他在直播间里说："开药店有一定的合理利润就行，如果超出了是绝对不允许的，否则怎么能够为顾客带来幸福呢？"为了控制合理的利润率，于东来给药店的利润画了一条红线，不允许超过这个数值。

在高额的利润面前，于东来选择了良心。他坦言，胖东来不是专业做药店的，因为不够专业，就要抱着真诚的态度去做，在保证质量的前提下，为这个城市的百姓提供方便；在健康的基础上，再朝着更好的方向发展。胖东来经营药店一天，就要给这个城市带来美好，为顾客带来美好，把价格控制在合理的区间内，只赚取合理的利润。

巴菲特收购公司时，很关注企业家的第一目标是更看重赚钱，还是更热爱事业本身？赚钱与热爱事业不是对立的关系，但把谁放在第一位，却有着截然不同的意义和结果。

乔布斯能够打造出iPhone这一改变世界的产品，并将苹果打造成一家伟大的公司，其动力是出自利润之上的追求。他在《遗失的访谈》里说："我的激情是打造一家可以传世的公司，这家公司里的人动力十足地创造伟大的产品。其他一切都是第二位的。当然，能赚钱很棒，因为那样你才能够制造伟大的产品。但是动力来自产品，而不是利润。斯卡利本末倒置，把赚钱当成了目标。这只是个微妙的差别，但其结果却会影响每一件事：你聘用谁，提拔谁，会议上讨论什么事情。"

如果企业家以追求赚钱为第一目标，那么在赚到足够多的钱之后，他是否还能够像最初那样满怀动力地继续经营事业呢？答案，往往是不尽如人意的。

有的企业家在赚到了足够的钱后，心思就不在企业上了，转而去从事一些低级趣味的活动；有的企业家很享受权力带来的满足感，将大大小小的权力都紧握在自己手里，不愿意授权，不注重发展人才，一旦他个人离开，企业就成了一盘散沙；有的企业家仍有继续经营事业的动力，只是这份动力来自人性中的欲望，渴望拥有更多的金钱，渴望更多的荣耀加身，渴望超越其他的企业家，甚至扭曲了价值观，最终被社会所唾弃。[①]

作家何权峰在《格局》中说："格局是在和钱打交道的过程中体现出来的，一个人赚钱和花钱的方式，多少决定他将来所能达到的高度。"

---

① 详见《优秀企业有超越利润之上的追求》，雪球，2019年7月1日，有改动。

第二章
1厘米的宽度，1万米的深度

在给赚钱与热爱事业本身排序时，于东来将热爱事业本身摆在了第一位，他有着让世界变得更美好的情怀，渴望把民生的问题解决好，让企业、员工、顾客、整个产业和社会都可以实现良性发展，然后自己获得合理的回报。与此同时，他也希望自己乐在其中地去经营事业，出于喜爱之心去做事，而不是单纯为了赚钱。

秉持这样的初心，从2007年开始，于东来就对经营思路做出了及时有效的调整，提出"合理的价格"的订购理念，杜绝暴利商品，严格控制商品的毛利率。他希望让顾客买到货真价实的东西，培养顾客理性消费的观念，帮助顾客正确理财，不消费无用的商品。

企业家的第一目标渗透着他的格局，他的格局又决定着企业的经营理念及结果。不以赚钱为第一目标，不代表最终的结果就无法赚钱，结果可能恰恰相反。

把门店开到全球的美国零售超市巨头Costco，不同于传统的超市企业，它不以赚商品的差价为目的，而是致力成为客户的"生活管家"，为客户提供优质低价的商品和服务，尽可能地提高消费者剩余，甚至规定任何一件商品的毛利率都不能超过14%。虽不以赚差价为第一目标，可Costco却创造了业内无数的销售神话，成为零售企业的学习标杆。

把门店限定在许昌和新乡两地的胖东来，同样也不以追求利润为第一目标，可它却并未输给同城的大商、丹尼斯、沃尔玛，历经近三十年的本土化深耕，深得当地百姓的认可与青睐；尽管它在规模上不及门店遍布全国的永辉超市，可它的人效、坪效在中国民营企业中排名前列，且凭借独特的企业管理，被誉为"灯一样的企业"。

无论是 Costco，还是胖东来，在经营企业时都超越了钱的格局，不以赚钱为第一目标，而为"让利于他，惠利于民"的利他理念而存在。利己还是利他，也是企业家境界的分水岭。

抱有利己主义思想的企业家，往往存在三个明显的特点：满足、自负、孤独。

利己的企业家很容易满足，一旦企业收获了名利，就可能会因成功而变成挥霍和消遣。商海搏击，不进则退，当企业家陷入这样的状态中时，就为企业的发展停滞、没落衰败埋下了伏笔。利己的企业家很容易自负，盲目地夸大自身的实力，忽略或弱化外界的因素。这种情绪一旦产生，企业家就难以听进逆耳的忠言，容易刚愎自用。利己主义的企业家容易私心过重，不愿意与人分享自己的真实想法，难以获得下属和员工的忠心和信任。这不是一个单打独斗的时代，孤独的企业家是很难走远的。

抱有利他主义的企业家，往往呈现三种不同的状态：进取、谦虚、融入。

利他的企业家不会轻易满足于现状，因为深知服务他人没有止境，

第二章
1厘米的宽度，1万米的深度

而名利财富也不是自己私有的。利他的企业家懂得谦虚，知道成功不是一己之力的结果。他们始终怀着一颗谦卑与感恩的心。正因为有着为他人着想、心底无私的境界，才能让下属心悦诚服，赢得客户的满意度。

　　超越钱的格局，对所做之事充满热爱，才有源源不断的动力促使自己和企业不断精进；超越钱的格局，用利他的思维考虑问题，才能洞见人的现实需求、潜在需求和未来需求，以及没有说出来的需求，打造出极致的产品，带给顾客极致的体验，为社会创造价值。超越钱的格局，却真正地做到了上述的这一切，利润又怎么可能不好呢？

打破利益最大化的迷思，向美好企业迈进

无论是讲述个人的心得体会，还是给企业的员工或管理层开会，或是与同行们交流分享胖东来的文化与机制，于东来总是会反复提到两个字——美好。

"伟大的企业，无论大小，一定是能给社会带来美好的企业。"

"公司走过这 20 多年，我这一生当中一直都希望人们是美好的。"

"做喜欢的事，有能力辅助这个企业，能往更加美好的方向走，力所能及地给其他人分享美好，有成人之美的心，能为企业带来更多的价值。"

"胖东来追求的文化和我们国家所倡导的文化融合在一起进行了浓缩，也是把人性当中的美好理念沉淀出来，让人们活得更有尊严，让这个社会体现更多的公平、正义、和谐、美好、自由、博爱。"

第二章
1厘米的宽度，1万米的深度

"我做零售行业的超市，就想着怎样把这个民生的问题给解决好，然后我有合理的回报，合理的利润，形成这样良性的循环。让顾客受益，让自己受益，让社会受益，所以能发展得非常不错。虽然说不是非常优秀，但是胖东来每一个部门，就是因为受益于这种理念，才有今天的这种美好，我希望更多的企业也能有这样的理念。"①

于东来所说的"美好"，到底是什么呢？

他似乎没有对这两个字做出详尽的、明确的定义和解释，但他用实际行动诠释了美好的画面——带给顾客极致的服务体验，带给员工丰厚的薪水与个人成长，带给行业行之有效的经营模式，带给社会和谐、保障与安全。他把自己和家人、员工、顾客、社会紧密地结合在一起，让经营过程中涉及的所有利益相关者都受益，得到各方的拥护与支持，形成良性的循环。

心理学中的达克效应揭示，人在认知层面分四个层次：

第一层是愚昧山峰——不知道自己不知道；

第二层是绝望之谷——知道自己不知道；

第三层是开悟之坡——知道自己知道；

第四层是平稳高原——不知道自己知道。

---

① 《胖东来创始人于东来的100条商业思考》，砺石商业评论。

从最初投身商海起起伏伏，到用心经营"望月楼胖子店"，再到传播爱与美好的"胖东来"，于东来不仅仅是缔造了中国零售业的特色传奇，更是实现了个人在认知层面的跨越。

历经迷茫，走错方向，是因为"不知道自己不知道"；
崩溃沉沦，痛定思痛，是因为"知道自己不知道"；
再踏征程，调整路线，是因为"知道自己知道"；
打破常规，不争而胜，是因为"不知道自己知道"。

翻看于东来的视频讲话，你会发现没有高谈阔论的腔调，全是真诚平实、接地气的话语，谁都可以听得懂，可那些话里却渗透着深刻的思想与启迪。

他没有提过德鲁克的人本管理思想，却把人性化管理做得很到位，总是强调"要把员工当成完整意义上的人""企业家的眼睛里要有人"；他没有刻意研究过马斯洛需求层次理论，却在衣食住行、精神和自我成长层面，充分满足了员工的物质需求与精神需求。

他没有琢磨过基线报酬的管理理论，从早年经营胖东来时就是凭借良心给员工发工资，说必须要保证普通人最基本的生存权，不能让他们在生活上有后顾之忧；他没有提出"美好企业"的概念，却一直在坚持"向上而生，向善而行"，致力于"创造爱·分享爱·传播爱"，而这与觉醒商业运动的创始人拉金德拉·西索迪亚所说的"美好企业"的文化精髓如出一辙。

第二章
1厘米的宽度，1万米的深度

也许，胖东来在某些地方做得还不尽完美，可它确实比国内的许多企业更早地"觉醒"，先一步踏上了通往"美好企业"的道路。

什么是美好企业呢？

> 拉金德拉认为，美好企业就是通过将所有利益相关者群体的利益纳入其战略一致性考虑，从而使自己受到利益相关者喜爱的公司。对美好企业来说，没有任何利益相关群体会以牺牲其他利益相关者群体的利益为代价来获益，并且每个利益相关者群体都会像其他利益相关群体一样欣欣向荣。美好企业以多种令人愉悦的方式满足了其利益相关者的功能与心理需求，并使他们对企业产生情感且忠于企业。①

在过去的很多年里，美国知名经济学家弗里德曼倡导的"企业是追求利润最大化、追求股东利益最大化"俨然成为一部分企业的运营宗旨。

2019年，美国上百家顶级公司的CEO在华盛顿召开了"商业圆桌会议"，对企业的运营宗旨重新进行定义，宣称"股东利益不再是公司最重要的目标，公司应该对所有利益相关者有共同承诺，首要任务是创造一个更美好的社会"。

---

① 《美好企业：通过使命与激情创造卓越绩效》（原书第2版），【美】拉金德拉·西索迪亚，贾格迪什·谢斯，戴维·沃尔夫。

SPICE
现代企业五类主要利益相关者

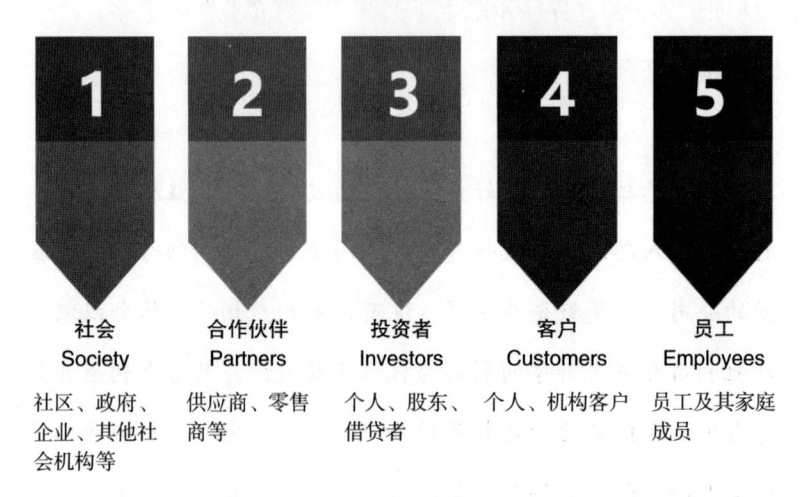

1	2	3	4	5
社会 Society	合作伙伴 Partners	投资者 Investors	客户 Customers	员工 Employees
社区、政府、企业、其他社会机构等	供应商、零售商等	个人、股东、借贷者	个人、机构客户	员工及其家庭成员

图 2-2 现代企业五类主要利益相关者

2020 年,世界经济论坛发布的新版《达沃斯宣言》也重申了这一理念,主张企业不仅要服务股东,还要服务客户、员工、社区,乃至整个社会。

领教工坊的创始人朱小斌认为,"美好企业"有三个阶段:

"美好企业"的第一阶段,是人的尊严、自由、互助、创造力等美好的社区精神能在一个企业组织中被激发出来。

"美好企业"的第二阶段,是打破"股东利益最大化"的迷思,从"股东利益最大化"转向"与利益相关者共生"。

"美好企业"的第三阶段,是推动社会价值观向善变化,构建共生共好的社会生态系统,有效地帮助解决社会问题,满足

第二章
1厘米的宽度，1万米的深度

人们对美好生活的向往。①

结合上述三个阶段的内容来看，胖东来无疑称得上是一家"美好企业"。

第一层面：胖东来就像是一个和谐的社区，营造了平等、自由、尊重、互助的氛围。走进胖东来，感受到的是员工满满的热情，体验到的是贴心细致的服务，目之所及是充满积极和善意的语录，它启迪着人们用眼睛去发现美好，用心去创造美好。

第二层面：胖东来给予员工的待遇是丰厚的，践行利他主义的于东来，早已打破"股东利益最大化"的迷思，将95%的利润分给员工，将货真价实的商品和极致的服务带给顾客，实现了自利利他，共生共好，成就他人的同时也创造了自身价值。

胖东来的商品销量大，供应商都很重视，但胖东来从不以自己的销量为筹码压榨供应商，与供应商建立了有明确规则的财务结算体系，让供应商免除了被拖欠货款的顾虑，彼此之间形成了良性、互信的购销体系，建立了长期稳定的合作。胖东来的商品流通速度快，为供应商创造了大量的市场需求，使得供应商有稳定的订单，可以合理地组织生产，同时还可以降低

---

① 详见《朱小斌：危机唤醒美好企业》，领教工坊，2020年4月28日，有改动。

生产成本，适当给予胖东来一些优惠，两者互惠共赢。

第三层面：胖东来的使命是"传播先进的文化理念"，愿景是"培养健全的人格，成就阳光个性的生命"，如今它正行走在这条路上。

不少企业都曾找胖东来"寻经问道"，学习企业文化与运营机制。其实，表面上的功夫并不难复刻，真正难的是企业家在思维上的转变与进阶。如果有越来越多的企业家能够带领自己的企业一起，放下对金钱、权利、地位的迷思，超越金钱的格局，从成就自己开始，逐渐走向成就他人、成就相关利益者，相信会有越来越多的企业家携手同行，用美好企业创造美好未来。

远离红海的厮杀,开创服务新蓝海

面对激烈的商业竞争,不少企业为了寻求持久的、获利性的增长,往往会跟对手针锋相对,为竞争优势、市场份额和实现差异化而战。然而,在过度拥挤的产业市场中,硬碰硬的竞争,却让众多企业陷入了血腥的"红海"。

胖东来在入驻新乡之前,该市的商业街有平原路、步行街等,其中平原路被誉为"新乡的王府井",可见其商业地段之要。当时,平原路的西段总长度只有1.5公里,沿街却聚集了25家营业面积超过5000平方米的大型商场,总营业面积达70万平方米。

按照2005年新乡市的90万市区人口计算,新乡市每千人所配套的商场面积是342平方米,这一数据是国际标准的近10倍。可以说,新乡市的商场密度之大在全国都是少有的。除了商场多、密度大以外,这些商场在定位上几乎是无差别的,都以大型综合类百货零售商为主,经营大众品牌。所以,在顾客看来，商场只要逛一家就够了，没什么新鲜的。

　　这就是胖东来入驻新乡之前的商业环境，可以说很不理想，所以很多人并不看好胖东来的选择。首先，胖东来不是新乡本区域的商家，闯入竞争白热化的新乡，前途难料；其次，胖东来选择的入驻地点，被丹尼斯、世纪联华和正在筹建的沃尔玛三方夹击，形势险峻；最后，胖东来在新乡的选址并不占据地段优势，它远离繁华的商圈，人气很低。无论从哪个角度看，胖东来入驻新乡都是一个冒险的选择，可于东来却坚持要进军新乡。①

　　2005年，W. 钱·金和勒妮·莫博涅首次提出"蓝海战略"的概念。他们认为，流连于红海的竞争中，会越来越难以创造未来的获利性增长。要赢得明天，企业不能靠与对手竞争，而是要开创"蓝海"，即蕴含庞大需求的新市场空间，来走上增长之路。

　　蓝海战略是让企业从价值感知的层面去重塑战略，让差异化和成本领先兼得。针对专一化战略，蓝海战略认为，不能一味地细分市场来迎合用户的偏好，而是要合并细分市场，整合需求。现有市场的用户不是争夺目标，而是要去培养那些有潜在需求的用户。打开蓝海市场的开拓者，不但能够占据消费者心目中第一的位置，还很容易成为行业游戏规则的制定者。

---

① 详见《胖东来，你要怎么学》之"新乡鏖战急"，王慧中著，24页、27页。

第二章
1厘米的宽度，1万米的深度

2005年8月，胖东来团队开始进场；同年12月，新乡胖东来百货正式开业，其效率和执行力令人瞠目。新开业的胖东来，以全新的姿态为顾客提供超出预期的服务——免费存车、免费修改衣服、免费代煎中药、免费清洗皮衣皮具、无理由退货等。凭借独特的、优质的服务口碑，胖东来开业后不久，整个平原路的消费中心就发生了转移，它也出人意料地成为新乡零售业的翘楚。

2007年，世纪联华和丹尼斯相继出局，可国内外的商业巨头并没有停下进军新乡市场的脚步：2008年12月，大商集团旗下的新乡千盛百货开业；2009年1月，新乡大商新玛特超市开业；2009年9月，新乡新玛特购物广场总店开业；2010年10月，筹备多年的沃尔玛隆重开业……群雄争霸的局面就此形成，战绩如何呢？2013年新乡地区商业企业销售收入对比表显示，胖东来的两家门店占据了新乡零售业56.19%的市场份额。

十年过去了，胖东来仍然是新乡人民心目中最喜爱的商场，与当年不同的是，开始有更多的人追问：胖东来什么时候来我们这里开店？

胖东来入驻新乡以来，一路遇到了众多的竞争对手。在群雄角逐的处境之下，它并没有陷入血雨腥风的红海厮杀中，因为于东来秉承的是另一套经营理念和逻辑："在跟对方竞争的时候，就做好自己，做好了就去传递美好，做不好了，别人做好了，就把店关了，让别人去干，不影响别人去创造美好。"

听到这番话就不难理解,为什么在多数人都不看好胖东来入驻新乡时,于东来仍然力排众议坚持开店?原因就是,他从一开始就没打算卷入这场"红海竞争"!他很清楚,在商品同质化日益严重的今天,服务才是零售企业提供给顾客的附加价值。所以,他选择在商品之外,提供更多、更好的附加服务来满足消费者的需要,而这些恰恰是当时多数商场没有带给消费者的东西,也是消费者的潜在需求。

从1995年的望月楼胖子店开始,于东来一直秉持着朴素的经营意识。

当市场上充斥着各种假货、次品、过期商品时,他提出"用真品换真心"的理念,让顾客买得安心;之后,他又提出"不满意就退货"的全新理念,尽管出现过不少恶意退货的现象,可他并没有因为少数人的行为而取消多数人应该享受的服务;胖东来的电器维修部,还提供免费的维修服务,无论产品是不是在胖东来购买的,遇到着急维修、排号靠后的顾客,胖东来还准备了一些常用的小家电,让顾客拿回家备用。

当多数人都认为"同行是冤家"时,于东来打破了商场上的这一惯性认知,他不仅没有与竞争对手进行厮杀对决,反倒还跟同行展开了十年以上的合作。

第二章
1厘米的宽度，1万米的深度

  2002年，胖东来与洛阳大张、南阳万德隆和信阳西亚三家公司组成"四方联采"，实现资源共享、共同提升。起初，四家企业只是联手采购生鲜、水果、干果等，为的是既可以确保质量，又能够降低成本。后来，"四方联采"由老板层面的沟通逐渐演变成四家企业的部门与部门、门店与门店之间的交流和学习，每一家的财务数据、客户资源对其他三家都是公开透明的。之后，四家企业每个月都要举行业务交流会、促销会、节日备货计划会、管理研讨会，并进行员工的集体培训。在他看来，"四方联采"联合的不只是采购，更重要的是思想，他没有忘记胖东来的使命，不是追求规模强大，而是传播先进的文化理念。

  《老子·道德经》中说："天之道，不争而善胜，不言而善应，不召而自来。"[①]

  实践证明，善意是可以产生商业价值的。胖东来摆脱了红海竞争，不以赚钱为第一目标，而是选择为利益相关者创造价值，在谋求发展的过程中实现从企业到良心企业的进化。

  所谓良心企业，不是道德说教或是通过行善赚钱，而是一种思考商业的方式：在思考企业的崇高目标、企业对社会的影

---

① 解释：天道和自然的法则是，那些不去争斗的人反而更容易取得胜利，不言语的人往往更易获得回应，不召唤而自动到来，宽缓从容而善于安排筹划。

响，以及企业与利益相关者之间的关系方面拥有更高的觉悟；在企业的存在目的，以及如何创造更多的价值方面，拥有更深层的意识。①

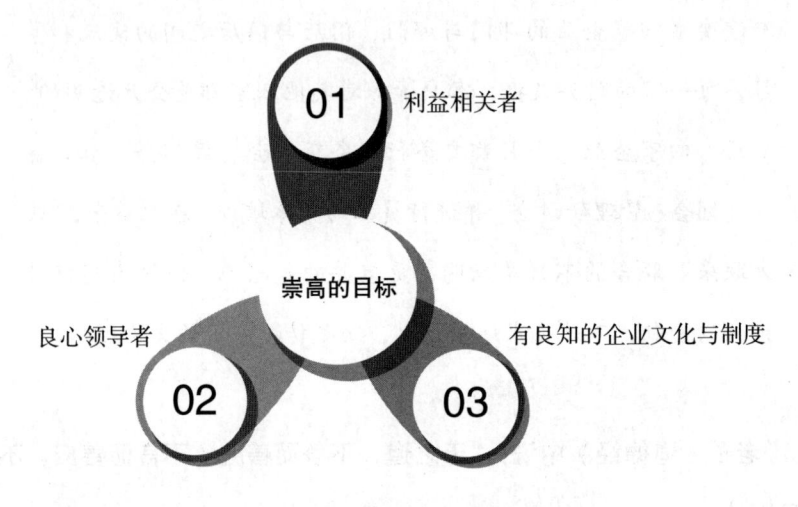

图 2-3 企业的四大原则

良心企业有四大原则，而这些原则胖东来都是具备的：

原则1：崇高的目标——培养健全的人格，成就阳光个性的生命

原则2：利益相关者——爱员工、爱顾客、爱社会

原则3：良心领导者——"爱的传道者"于东来

---

① 《伟大企业的四个关键原则》，【美】约翰·麦基等。

第二章
1厘米的宽度，1万米的深度

原则4：有良知的企业文化与管理方式——传播先进的文化理念、人性化的管理制度

胖东来摆脱了红海竞争，向充满善意与美好的良心企业行驶，在开辟幸福蓝海的航线上留下长长的波纹，希望这些痕迹可以唤醒更多的企业和更多的人。于东来相信，每个利益相关者身后都存在一个价值星系，不断积累善意的行为，将来可能会辐射整个企业宇宙。

把自己定义成学校，把企业打造成样本

如果管理大师德鲁克仍在人间，知道胖东来将自己定义为"学校"，他定会露出欣慰之笑，因为胖东来践行并印证了他的预言——"未来，所有组织都将是学习和教育机构"。

置身零售行业的胖东来，其愿景不是在全国范围内开设多少家连锁店，也不是跻身于世界百强企业的行列，而是"培养健全的人格，成就阳光个性的生命"，把爱的文化和理念作为企业行为的参考依据和标准，用专业的精神做事，用轻松的方式生活，用美好的理念育人，让它分享和惠及更多的人和企业。

胖东来把自己定义为学校，不是一句空喊的漂亮口号，而是把"学校的属性"融入管理实践中，将自己打造成一个鲜活的实验样本，重新定义了商业和企业——既有中国"家文化"的特色，修身齐家、培育情感、教人育人、稳定社会，又与世界悄然兴起的"觉醒商业"和"美好企业"不谋而合。

韩愈在《师说》中写道："师者，所以传道授业解惑也。"学校的存在是为履行"师者"的使命，胖东来将自己定义为学校，也可以从这三

第二章
1厘米的宽度，1万米的深度

个方面得以见证：

1．胖东来的"传道"——传播先进的、美好的文化理念。

2021年12月20-21日，联商网在许昌组织举办了"东来经营哲学"私享会，来自全国各地400多位零售企业董事长、总经理和高层管理人员，前来聆听胖东来的商业思想与经营哲学。在会议现场，于东来说了一段充满温情又很实在的话：

> 我是一个非常追求自由的人，但也知道胖东来这个企业真的像一个宝藏一样，非常非常的珍贵，因为它不是在做企业，而是在传道，追寻一种道，怎样让人活得像人，怎样让人活得更真实、更轻松、更阳光、更勇敢、更自由、更美丽。
>
> 社会上的现状突出的是我们需要追求成功，追求创造价值，追求荣耀，追求责任……跟这个企业所追求的内容完全不在一个平行线。胖东来的追求本身就是希望去造福更多的人，把企业做成一个样板，让大家看到怎么做企业、怎么做人、怎么生活、怎么做事，怎样对待自己的生命，怎样能让自己活得更加的自由、更加的热情，怎样能对得起自己的生命，不辜负自己的生命……是往这条路上发展的。①

---

① 详见《于东来：胖东来是一所学校，而非一个企业》，联商网，2021年12月25日。

于东来指出，胖东来的存在价值，以及它所追寻的道，是用科学、理性、先进的文化生活理念，成就人们实现阳光、个性、自由的生命状态。从这个意义上讲，胖东来只是一个践行和体现理念的平台，它不是一个企业，而是一所学校。他和团队所做的一切努力，都是让胖东来成为体现先进文化理念的实体样板，供人们学习、参考和借鉴。

2. 胖东来的"授业"——教授在实践中沉淀出的"知识体系"。

空谈没有意义，落实方见本色。

胖东来的文化理念，从来都不是贴在墙上、空喊口号，所有的东西都是提出来就做，做不到就立刻调整。胖东来很重视"怎么做"的问题，且对于怎样做事、怎样做人、怎样生活、怎样做产品、怎样做服务、怎样做硬件、怎样做团队，都有明确的原则和具体的方法，这些内容可以称为胖东来的"知识体系"。

进入胖东来的官方网站，可以查阅五年乃至十年之中，胖东来人沉淀下来的知识。这些知识几乎都与岗位密切相关，对于刚入职的新员工而言，可以快速、准确地了解胖东来的企业文化、工作流程、管理制度、岗位的实操标准，缩减熟悉工作环境和工作内容的时间，更快地进入工作状态。

胖东来的果蔬课实操手册里，包括果蔬课营业员工作流程（营业前、营业中、营业后）、果蔬课理货员工作流程（营业前、营业中、营业后）、果蔬课称台人员工作标准，阐述不同岗

第二章
1厘米的宽度，1万米的深度

位的员工具体该做哪些工作。在这几个大板块之下，更为详尽地阐述了工作标准，比如：哪些水果需要喷水、什么时候喷水、喷多少水；不同水果蔬菜的扎捆方式、陈列的方式、软垫特性、摆放层数；甚至连加工西瓜的步骤都做出了明确要求，如果不合规就会扣分。

胖东来的地面保洁员岗位手册里，用什么洗洁剂，与水的配比是多少，用什么样的方式擦拭，也有详细的说明。保洁员只要按照手册的方法做，就连最容易积污垢的地砖缝儿都可以擦拭得干干净净。

许昌流传一种说法，在胖东来工作过的员工，即使去了其他企业，也能够在新单位里获得不错的薪资待遇。原因就是，他们在胖东来这所学校里经过培训与考核，按照高标准的专业水平去履行本职工作。按照社会平均水平来看，他们会比非胖东来人显得更专业、更尽责。胖东来这所学校，除了教授员工掌握工作岗位必备的专业知识和素养以外，还营造了充满自由的气息，被美学萦绕的环境，教会他们如何经营生活、感知幸福、提升审美。

胖东来的"授业"不只是面向内部的员工，还面向所有到胖东来参观考察和学习的人。

在胖东来金汇店的入口处，有这样一块颇具特色的牌子，上面是"胖东来金汇店设备设施供应商名录"，上面包括购物车、存包柜、冷链柜、货架、照明灯具、海鲜池、地板砖、电子秤等硬件设备的供应商、联系电话，还有关于工程施工、手绘装饰画、陈列道具、休息区木皮板等产品的供应商和联系方式。

　　胖东来把店内软硬件产品的供应商展示出来，不是为了给供应商打广告，也不是为了做代理销售，而是为了跟同行交流分享。这样的做法着实让零售圈内的同行们感到意外，这不是许多超市认为的"商业机密"吗？胖东来竟然大方地把它们都公布出来了。

　　零售圈内的部分媒体人认为，胖东来的这一公示牌给予了供应商极大的信任和荣誉，同时也给予他们不小的压力，促使他们保障产品的品质，经得住同行的考验。否则，公示牌的名字和联系方式可能就是别家企业了。

　　除了供应商的名录和联系方式，胖东来的文化资料、薪酬制度、培训资料等也都是公开的，谁都可以看；不仅如此，于东来还在抖音等平台开设账号，分享胖东来的文化理念和经营心得，这些内容都是胖东来近三十年来沉淀的精华。

　　许多人不太理解，为什么胖东来要将企业管理的内容公之于众？毕竟，这是企业的核心机密，相当于是一道"护城河"，公开之后就等于在同行和竞争对手面前变成了"透明的玻璃"，胖东来就不怕失去现有的优势吗？

　　这仍然要回归到胖东来的使命与愿景——"我们的本意是希望更多

第二章
1厘米的宽度，1万米的深度

的企业也能够走向这样的状态，哪怕到很远的地方，都能够看到好的文化理念的影子。"胖东来的初衷就是要成为一所学校，传播先进的文化理念。既然要做"传道者"，又怎能藏着掖着、挑着捡着去分享？这样就不是传播美好了，而是自欺欺人。

胖东来敢把内部的资料与管理方法公开分享，不仅代表了它的真诚与坦率，也代表了它敢于接受挑战和竞争，同时也意味着它向外界做出了一个"公开的承诺"[1]，这个承诺促使胖东来要不断地进行自我更迭，不断地向上生长，成为一个美好的实验标杆。

3. 胖东来的"解惑"——协助同行及其他企业解决经营中的困惑。

胖东来的成功吸引了零售业同行的高度关注，不少零售企业的老板和管理者都纷纷找于东来请教，希望他能帮助自己想想办法，解决企业经营中遇到的瓶颈。胖东来从十年前开始，就已经在朝着学校的方向走了。

> 2002年，洛阳大张、许昌胖东来、南阳万德隆、信阳西亚和美四家公司，成立了"四方联采"，携手共进。胖东来在许昌的发展越来越好，万德隆的年利润却进入瓶颈期，无

---

[1] 心理学中的"承诺与一致性原则"认为，一旦我们采取了某种立场，接下来的行为就会尽可能地符合自己的立场。

论公司上下如何努力，始终无法突破。万德隆向于东来求助，于东来爽快地应下。来到南阳万德隆的第一天就给员工大幅涨工资。

经过大刀阔斧式的调整，一年后的利润回报却远远超出了所有人的预期，万德隆成功突破了自己的"怪圈"。

从十年前协助"四方联采"的盟友，到现在借助联商网开办"东来讲堂"与友商们分享创办胖东来的心路历程和经营理念，胖东来在自我更迭的过程中一直努力朝着"成为一所学校"的目标驶进——传文化理念之道、授精细管理之业、解经营瓶颈之惑，而这也得益于胖东来在发展过程中沉淀并提炼出了自己的"知识体系"。

这一点是许多企业目前尚未实现的，也是最值得重视的。毕竟，再好的政策也需有效执行，才能发挥预期的效用，如果只是口头传达，想到哪一部分就去落实哪一部分，不仅效率低下，也难以让所有的管理和知识沉淀下来，一旦更换了老板或高管，就很容易"人去政息"。

第三章

同心才能同频，同频才能同行

——胖东来的"三同理念"

同心文化：共信念而并肩，同理想而相伴

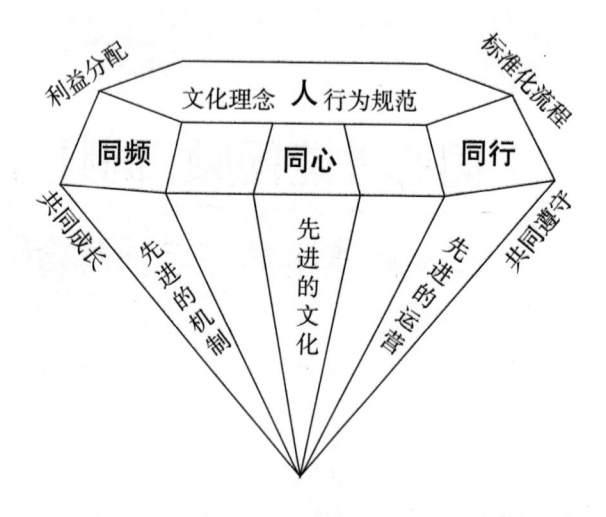

图 3-1　胖东来"三个先进"经营钻石模型

企业家在建立企业时，都带着某一初衷和目的，它可以称为企业的愿景。不过，企业家个人的力量是有限的，他无法独自完成所有的事情，这个时候，组织和团队就诞生了。想实现企业愿景，就要把企业目标贯彻到每一位成员身上，让所有单一的个体都发挥出最大的潜力，实现整个组织的高效运转。

第三章
同心才能同频，同频才能同行

日本经营之圣稻盛和夫说："人心是最难凝聚的，一旦凝聚就会迸发无限的力量。"

每个企业管理者都希望拥有一支充满凝聚力的团队，可是要让一个庞大的团队——从几十人、几百人乃至上千人，快速有效地凝聚成一股力量，并不是一件容易的事。特别是在服务行业，想同时写好"人"和"心"两字更是不易。

我们经常会看到这样的情况：在不同的城市，走进同一品牌的连锁店，从店铺形象、品牌宣传语、产品等方面，看起来是统一的，可以辨识出是同一家企业。但是，它带给顾客的体验却不是统一的，甚至会让顾客觉得，它与自己曾经光顾的另一家店完全不是一回事。同为零售企业的胖东来，却不存在这样的问题，它的每一家店都深受周围居民的推崇和喜爱，在当地已经形成了"没事逛逛胖东来"的风潮。

为什么胖东来可以成为国内现象级的连锁店，且每家店都能带给顾客同一水准的服务体验呢？胖东来的团队凝聚力是怎样打造出来的呢？

管理学大师约翰·科特说："只要你是成功者，你就会有一种企业文化，不管你是否想要。而没有企业文化的，只能是那些长期以来不断失败的而且继续失败的公司。"

或许，这就是问题的根源和答案。许多零售企业在扩张门店时，只是复制了表象上的"形"，没有复制核心的"魂"。在产品同质化的今天，复制一样的店面装修风格、出售同样的产品并不难，只要严格执行标准化流程，基本上都可以实现"形"的复制。真正艰难的环节，是复制企业的文化，这才是一个企业的"魂"。遗憾的是，有些企业尚未形成自己的企业文化，也有些企业虽然提出了企业文化，却也是形同虚设，只停留在"标语"的层面。

荷兰社会心理学家盖尔特·霍夫斯泰德是研究民族文化的知名学者之一，他开发了国家文化模型，研究跨文化条件下如何克服异质文化的冲突实现卓有成效的管理。在20世纪90年代，他进一步扩展了模型，以企业文化为调查维度，开发了文化洋葱模型。

企业文化洋葱模型

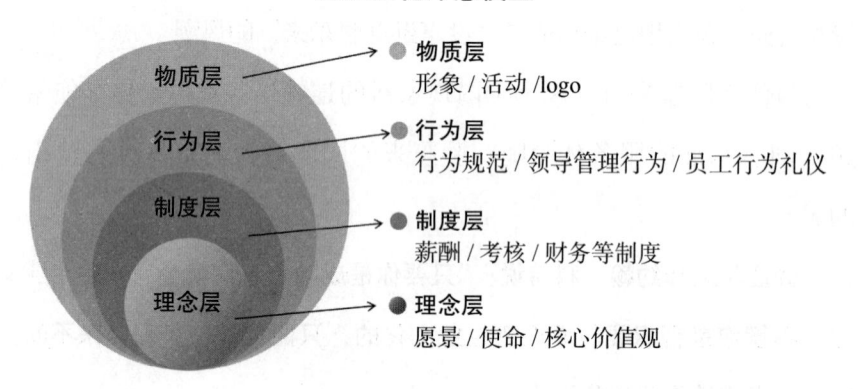

- **物质层**
  形象 / 活动 / logo
- **行为层**
  行为规范 / 领导管理行为 / 员工行为礼仪
- **制度层**
  薪酬 / 考核 / 财务等制度
- **理念层**
  愿景 / 使命 / 核心价值观

图 3-2　洋葱理论模型

洋葱理论模型，是指文化从内至外由四个部分组成：理念层、制度层、行为层、物质层。

第三章
同心才能同频，同频才能同行

1. 理念层——所想

理念是企业文化的核心，传递着企业的信仰、使命和价值观，是企业的灵魂，也是形成制度文化、行为文化与物质文化的思想基础。胖东来以"爱·自由"为信仰，以"传播先进的文化理念"为使命，推崇"扬善戒恶"的价值观，这些内容在企业内部培训和外部宣传中不断被提及和重复，渗透在管理层和员工脑海中，也印刻在顾客心中。

2. 制度层——所说

作为胖东来的创始人，于东来对企业有明确的愿景、美好的经营理念，以及先进的管理制度，如果这些东西不说出来、不写出来、不落实成准则体系，是很难传达到中下层的。所以，理念需要用明确的语言、系统的文字，形成宣传性条文、系统的纲领性文件，向员工和外部传递清晰的组织方针与政策导向。

制度就是为了让企业的文化理念变得有形、易理解、易宣贯、易考核。所以，理念和制度必须一致，如果制度和理念不一样，员工就会按照制度考核去行事，因为制度考核直接影响他们的利益。如此一来，理念就成了空话。

3. 行为层——所为

企业制度中包含着各种行为规范，行为文化就是在企业人员的行为中，看到或感受到制度文化所规定的那些内容。胖东来强调"要把顾客当家人或亲人来服务",所以员工在接待顾客时,无论是表情姿态、说话语气,还是行动方面,都会体现出热情、温暖、舒适和平等,这就是制度文化规定的内容在行为上的落实和体现。

4. 物质层——所用

企业文化在人以外的其他各种企业实物载体上的表现,就属于物质文化。作为一家商超百货,胖东来出售的产品、提供的服务,是其物质文化的首要内容;胖东来的建筑风格、装修风格、企业logo、员工服饰、陈列环境等,也是构成其物质文化的重要内容。

在胖东来的文化理念中,向来都是"以人为本",不以追求利益为目标。所以,胖东来的门面上除了"DL"的标识和门店连锁的名字以外,没有任何的商业广告,给人一种简明干净的视觉印象,同时也与它的经营理念和价值观高度统一。

从理念到制度,从行为到物质,胖东来的企业文化是高度统一的,它为企业员工树立了共同的信念和愿景,再通过标准化给员工在操作层面提供了参考,对员工形成了导向和激励作用,也用观念的力量调控了员工的行为,最终实现了"同信念而并肩、同理想而相伴"的美好局面,在凝聚人心的同时,也塑造出了拥有独特魅力的胖东来。

有一项针对"影响美国企业最重要的因素"的研究显示:一个特定

第三章
同心才能同频，同频才能同行

的企业文化决定了企业绩效。重视企业文化的打造和宣传，对提升企业的绩效、塑造企业形象十分有益。胖东来就是一个典型的案例。对企业管理者来说，建立优秀的企业文化，用文化凝聚人心，让文化融入每个员工的血液，绝对是管理中的重要任务之一。

当下，有不少企业已经意识到了企业文化的意义，可是对于企业文化的建设，却仍然只停留在追求形式、忽略内涵的境地中，最常见的问题有以下四种：

1. 错把文体娱乐活动当成企业文化

文体娱乐活动可以让员工在业余时间得到更好的消遣，增强公司的凝聚力，但它们不是企业文化建设的主体。建设企业文化的目的，是要增强企业的竞争力，为保证企业持续发展而选择或努力去营造的适应外部竞争的生存方式。

2. 把脱离实际的空谈当成企业文化

有些企业为了塑造自身的形象，脱离经营管理的实际，提出完全不被认同的理念或精神，这是一个很大的误区。管理者要思考，提炼出的企业文化能不能真实地反映企业的价值取向、经营哲学、管理风格？能不能得到全体员工的认同？能不能起到凝聚力和向心力导向的作用？

3. 把企业文化建设当成一劳永逸的事

只要企业文化建设起来，逐渐步入正轨，就能一劳永逸吗？当然不是，企业文化也需要根据环境的变化来创新，"过时"的企业文化不仅不能促进企业发展，还可能成为一种阻碍。

多年前，IBM 的创始人汤姆·沃森规定，IBM 的所有员工必须穿正规的职业套装，且所有高层经理都要穿西装和白色衬衫。这样的要求是出于对客户的尊重，希望每一位员工都可以着装整齐地出现在客户面前。

随着时间的推移，客户已经改变了他们在工作时的着装，且很少有技术型的买家会在公司穿着白衬衫和套装。可是，IBM 的着装规范却一直保留着。1995 年，郭士纳决定废除这一着装规范，但他没有选择用另一种着装规范去替代原来的，而是想到了沃森先生最初要传达的意图，做出了这样的决定：根据时间和场合以及你要会见的人，来决定你的着装。

这是郭士纳担任 CEO 之后做出的一个很小的决策，但这个举动却被认为有很大的预示性。因为着装规范已经成为 IBM 文化的一个组成部分，而这部分恰恰又是刻板的、僵化的，破除这一规范昭示着，IBM 的企业文化已经搭上了与时俱进的列车。

我们把目光转向胖东来，会发现它的企业文化也是一个系统动态过程。

1995 年 9 月，望月楼胖子店做出"用真品，换真心"的承诺，

第三章
同心才能同频，同频才能同行

因为当时市场上的假货太多，望月楼胖子店希望用独特的承诺和实在的商品，彰显经营理念，赢得消费者的信任。

1997年8月，望月楼胖子店更名为"胖东来烟酒有限公司"，提出"创中国名店，做许昌典范"。这是胖东来在企业文化上的一次跨越和提升，它开始建设品牌形象，提升企业素质内涵，确立了企业的愿景和目标。

1999年，胖东来已开设7家连锁店，推出"不满意就退货"的经营理念，并提供一系列免费的服务，这些服务的项目背后，蕴含着更深层的文化基因——爱。

2003年1月，已成为商贸集团的胖东来，将企业愿景调整为"世界的品牌，文明的使者"，开始将视野拓宽到全球，并且超出了商业诉求，追求更高的境界。

在此以后，胖东来的企业文化又从"公平、自由、快乐、博爱"，慢慢调整为今天的"传播先进的文化理念"。从它的发展轨迹中我们得以看出，企业文化是一个与时俱进、有始无终、永不停顿的系统动态过程，它需要不断地自我更迭，不断地汲取优秀的文化。

4. 把企业文化建设当成基层员工的事

企业文化的形成是自上而下的，企业领导者根据竞争环境，把自己经营企业的价值观、思维、行为方式、竞争方法等付诸管理实践，逐层地传递给最基层的员工，并要求全员遵守，从而形成习惯、产生氛围。

这样的氛围，不是靠基层员工能够形成的，而是要由企业的高层来领导和推动。从另一个角度来说，有什么样的老板就会有什么样的文化，它需要企业最高领导层来主导，也需要全体人员共同参与。

胖东来的企业使命是"传播先进的文化理念"，愿景是"培养健全的人格，活出阳光个性的生命状态"，老板于东来是这些理念的第一实践者。他在日常的工作中，用自己的价值观、言行举止，潜移默化地影响着胖东来的管理层和员工，为他们亲自做示范，引导企业文化的方向。所以，企业文化的最终决定者，并不是基层的员工，而是最高管理层的作为。

透过胖东来的企业文化建设，我们见证了一个事实：想要把有着不同价值理念的员工团结起来，就要构建切合实际的、被广泛认可的企业文化，由上至下灌输到员工的思想意识中，让大家拥有一个全新的、统一的价值理念。

从企业成立之初，就要重视企业文化的建设，且还要随着企业的发展、时代的更迭，与时俱进地进行调整。谨记，每一次转型和提升都要以"合适"为基准，不能脱离企业的发展现状，脱离员工的认知水平，一旦好高骛远、脱离现实，企业文化就会变成一纸空文。

同向发力：转动爱与美好，永续幸福经营

美国管理学家吉姆·柯林斯，在其著作《从优秀到卓越》中提出了"飞轮效应"：

> 有一个直径30英尺、厚2英尺、重5000英镑的金属飞轮安装在轮轴上，你的任务是让这个大飞轮在车轴上转动，速度要尽可能地快，时间要尽可能地长。起初，你用力地推飞轮前进1英尺，这种运动不太容易被人觉察到；你继续推，不停地推，过了两三个小时，你发现轮子已经转完一整圈了。
>
> 你接着推下去，飞轮的转速开始加快，在你的努力之下，飞轮又转完了第2圈。你继续朝着同一个方向用力推，3圈、4圈、5圈……轮子开始加速……10圈……30圈……50圈……100圈……然后抵达了一个突破点，轮子开始飞快地转动，就连飞轮自身的重量都在帮你推，转速增加了一千倍、一万倍。最后，这个又大又重的飞轮以永不停息的动力向前飞转。[1]

---

[1] 《从优秀到卓越》，【美】吉姆·柯林斯。

是什么力量推动着飞轮以不可阻挡的势能持续转动呢？

很显然，不是第一次的推力，不是最后一次的推力，也不是中间具体某一次的推力，而是一如既往地朝着一个方向用力的总和。企业从优秀走向卓越，也不是瞬间诞生的奇迹，而是持续地推动一个巨大的、沉重的飞轮，在某个时刻实现了突破。

> 亚马逊团队在理解了飞轮效应后，贝佐斯就为亚马逊注入了"为客户创造激情"这一崇高目标。不过，真正让亚马逊实现卓越的关键因素并不是这个"崇高的目标"，而是贝佐斯及其团队使这个目标循环往复地被实践的一项机制。他们构建了良性的业务循环方式，即以更低的价格带来更多的顾客访问量，更多的访问量能带来更多的销售量，同时也能吸引更多需要支付佣金的第三方卖家。这让亚马逊能够将物流中心和服务器等固定成本分摊给第三方，从而确保自身获得更多收益。同时，更高的效益则使其能够进一步降低价格，循环往复。[1]

和亚马逊一样，胖东来之所以能让企业的飞轮越转越快，也不是单一力量所致，而是文化、机制与运营同向发力，形成了一个增强回路。

---

[1] 《飞轮效应》，【美】吉姆·柯林斯。

第三章
同心才能同频，同频才能同行

文化之力：爱与美好

运营之力：标准化模式　　　　　机制之力：以人为本

图 3-3　文化之力、机制之力与运营之力

1. 胖东来的文化之力

所有到过胖东来门店的人，应该都对这句话印象深刻——"爱在胖东来"。在追求服务至上的时代，能把"爱"挂在嘴边的企业数不胜数，真正理解爱、懂得爱、践行爱的企业，却并不多见。于东来曾经总结过，胖东来最好、最珍贵的就是机制，这个机制源于爱的思想形成爱的文化，并逐级不打折扣地落实到行为中。

胖东来以爱为出发点，制定了美好的企业文化与经营理念：希望让员工有美好的工作环境，希望让顾客有美好的消费体验，希望让企业有良性稳定的发展，希望让社会更和谐、更安定。这种对美好的期待，激励着胖东来人更好地投入工作。当企业的使命和价值观渗透到个体身上，当员工意识到工作不只是为了赚钱，还可以实现自我、创造更大的价值时，其内在的潜能就会被调动起来，这是推动胖东来飞轮转起来的初始之力。

2. 胖东来的机制之力

任何企业的生存发展都是一场艰难的长途跋涉，想在这条路上走得更久、更远，离不开相互依存、相生相伴的"两条腿"——制度与文化，无论缺少了哪一个，都会成为"跛脚"。

胖东来宣扬美好的文化理念，它的机制也是围绕美好制定的，比如：胖东来员工的工资不只在许昌和新乡当地是高的，在整个零售行业也是高工资的典范。于东来很清楚，只有免除员工的后顾之忧，满足员工的基本生活需求之后，才有可能让员工去思考美好和价值。经济基础决定上层建筑，企业不能只是老板一个人"美好"，要让所有的员工都感觉美好。当所有人都感受到了这份美好，大家才能同向发力，孜孜不倦地去推动企业的飞轮，让它加速运转，推动企业产品和服务的升级。

好的制度可以激发人的潜力，让员工找寻到工作的价值和快乐，认为这个地方值得留下来，能拥有继续上进、变得更好的力量。反之，坏的制度会打击人的积极性，让员工丧失工作的信心和动力，认为留下来是痛苦的、没有价值的，继而自动放弃。

在人才难求的情况下，良好的机制是招贤纳士、留住员工的基础。这就好比，话说得再好也不如一纸合同更有法律效力，企业管理者单凭口舌难以赢得信任，只有让员工看到企业有规范化的管理，有公开、公平的竞争制度，能为愿意付诸努力的人提供相应的待遇和机会，而不是

第三章
同心才能同频，同频才能同行

任人唯亲，才有可能吸引人才相伴而行，为企业创造价值。

3. 胖东来的运营之力

想让企业的飞轮快速运转，不仅需要文化和机制的共同推动，还需要有运营系统的助力。特别是连锁企业，随着规模的扩张，问题会逐渐增多，问题之间的关联也变得复杂，这就需要有系统的、可靠的、有实效的路径来实现盈利及可持续发展，同时还要在复制的过程中彻彻底底地遵从标准化，不能出现任何的走样和变形。

胖东来在发展初期，主要经营烟酒批发，且只有一家店。当时主要靠经验模式，找有经验的采购员，有经验的销售员，各自发挥各自的特长。随着规模的扩大，胖东来很快就走上了标准化运营的模式，无论哪一个环节都有运营管理标准，员工只要按照标准规范操作，企业就可以正常运转下去。胖东来商贸集团的微信公众号里，有一个名为"胖东来百科系统"的板块，里面详细记录了胖东来在运营体系上的各种制度和实操方法。

关于标准化的问题，我们在这里做一点延伸的介绍，以便企业管理者根据实际情况和不同需求，更好地理解和运用。

（1）产品的标准化

如果是复制产品，那么产品一定要选择初期即可规模化生产，且能够一致稳定地供应。制作产品的工艺和流程最好不依赖于某个特定的人，而且全部或大部分都可机器完成。

（2）服务的标准化

这个问题无须过多解释，胖东来就是一个典型的参考范例，它淋漓尽致地诠释了，只要把服务流程拆解为极致细节，就可以把服务标准化。

（3）管理思维的标准化

零售企业的扩张与运营管理机制密不可分，如果没有一套统一的市场方法、促销方法、危机处理方法等，这一套管理思维很可能会因为一个人的离开而终结。所以，管理运营机制的标准化，也是复制的重要内容。

（4）人才管理机制的标准化

人的行为不一致，常是导致标准化失败的诱因，这在连锁行业中尤为凸显。服务人员的心情与服务水平的起伏，直接影响顾客满意度和品牌好感度。如何通过制度激励机制，让服务者与人才标准化，也是企业管理者需要思考的重要课题。

当上述这些方面形成标准化之后，还要设立规章制度与过程监督，保证不折不扣地执行。需要说明的是，企业运营的标准化会随着的时间的发展不断调整和升级，且在不同发展时期，标准化程度可以存在差别，一味地追求标准化或是集中管理，既不利于提高服务质量，也不利于提高经营业绩。

第三章
同心才能同频，同频才能同行

在推动胖东来飞轮快速转动的三种力量中，每一种力量都不可或缺，并形成一个相互推动的闭环，让飞轮自驱加速。

要想学习胖东来，效仿其文化是不可取的，因为每个人、每家企业都有自己的特殊性；标准化运营亦不能生搬硬套，这需要企业结合自身的实际情况、经营项目来拟定。

相比之下，机制才是最容易学的，也是最有可能快速给企业带来转变的。对于这一点，于东来也表示认同，他说："学胖东来要从机制方面开始学！如果机制方面改变了，整个企业在一年里可能就会有很大的改变，三年可能就会有翻天覆地的变化。"①

飞轮效应是企业实现从优秀到卓越的一个重要路径，如果不会利用飞轮效应，就会陷入这样的状态：起初，推动飞轮朝着一个方向旋转；接着，停下来改变路线，再朝着新的方向旋转；然后，反复地调整方向，无法积累动能，飞轮根本"飞"不起来。

吉姆·柯林斯将上述情形称为"厄运之轮"。这样的企业在实际经营中经常会启动一些新的目标和方案，依照营造声势浩大的氛围来提高士气，总想着借助某一个伟大的方案创造奇迹，期待收购一个团队或公司就能带来突破，领导者缺乏周密而冷静的思考，没有持续地付诸实践，

---

① 详见胖东来商贸集团官网，"东来讲堂"直播第一讲：《胖东来未来规划——真正成为一所学校》，2020 年 3 月 1 日。

总在寻求突破，却终而平庸。

通过"飞转之轮"和"厄运之轮"，可以看出企业之间的差别和差距。**想让卓越的飞轮转起来，需要找到一个互为因果的闭环，集中所有的力量，十年如一日地持续推下去，一圈一圈地增强回路**。至于具体该怎样操作，吉姆·柯林斯在书中提出了"构造飞轮的七步法"：

（1）列举你的企业已实现的、重大的、可复制的成功，包括远超预期的创举和产品。

（2）列举你的企业经历过的失败，包括那些远未实现预期或彻底失败的举措和产品。

（3）对比成功与失败的案例，思考从这些经验教训中可以发现哪些能够组成飞轮的构件。

（4）利用发现的飞轮构件（4—6个）草拟出一个飞轮。首先确定飞轮始于何处，即飞轮循环转动中最重要的部分，再构思接下来依次是什么。你必须能够解释构件之间的逻辑顺序，并据此描绘出回归循环到顶部的路径，同时还要解释清楚这个闭环是如何自驱加速的。

（5）如果构件超过6个，飞轮会过于复杂，需要通过巩固并简化构件才能抓住飞轮的本质。

（6）用你的成功清单与失败清单检验飞轮，看看你的实际经验是否可以验证它？你要不断地调整飞轮结构，直至它能将你最关键的、可复制的成功清晰地呈现出来，也能将最大的失

第三章
同心才能同频,同频才能同行

败和最明显的痛点暴露出来。

(7)根据三环理论来检验飞轮,这一理论是一个简单、透彻的概念,来自对以下三环交叉部分的深刻理解:①你对什么充满热情?②你能在哪方面成为最优秀的?③是什么驱动你的经济引擎?

结合胖东来的"三向飞轮",希望有更多的企业管理者了解吉姆·柯林斯的"飞轮效应",在实践中找到自己可利用的"飞轮构件",实现从优秀到卓越的突破。

共同富裕：让创造财富的人分享财富

财经作家吴晓波说："有目的性地花钱是一种投资，你不和世界锱铢必较，世界才不会对你吝啬。"这句话用在于东来身上，真是再合适不过，因为他很擅长"花钱"，不仅把钱花出美好的价值，还顺路抵达了"钱越花越多"的境界。

于东来把钱花在哪儿了呢？看看胖东来备受关注的"高工资、高福利"，就不难猜出答案了，他把钱都分给员工了。胖东来的员工工资在当地绝对算得上是高收入，于东来的"分钱"能力在中国零售业也是出了名的，许多考察胖东来的企业家都前来向他学习分钱之道。对此，于东来很直白地说："如果你们不下决心把50%的利润分给员工，学了也白学。"

说到给员工分钱，于东来秉持这样的观点："你给员工吃草，你将迎来一群羊！你给员工吃肉，你将迎来一群狼。"最初，于东来在分配钱的时候，制定的计划是自己拿50%，高管拿40%，员工拿10%；现在，利润分配已经变成于东来只拿5%，其他

第三章
同心才能同频，同频才能同行

95%全都分给高管和员工，两方各占一半！放眼世界，很难找出如此慷慨解囊的老板了。

当然，于东来敢把95%的利润分给员工，与胖东来不是上市公司有一定关系，如果面临众多外部股东的压力，这样的分配机制也是很难实现的，但这不是全部的原因。毕竟，还有众多的私营企业、非上市公司，而能够做到这一点的老板寥寥无几。于东来之所以敢分钱、舍得分钱，与他个人的价值观和金钱观有很大的关系。

1. 价值观：老板与员工是利益共同体，要让创造财富的人分享财富

许多企业在进行员工培训时，常常会提到一个"船理念"：企业如同一艘船，老板是船长，员工是船员，大家同舟共济，命运相连，这艘船一旦沉没，对所有人来说都是灾难。所以，员工要跟企业共命运，学会感恩、忠于职守、注重协作，一起抵达胜利的彼岸。

道理没有错，可真正能够听进去、可以做到的员工又有多少呢？不能只是感叹和质问为什么员工缺少责任心、敬业心，老板也需要扪心自问，是否真的把员工当成了利益共同体？

我们之前谈到过把员工当成"人力成本"和"人力资源"的问题，如果老板把员工视为成本，其关系模式就是资本雇用人本，人本为资本打工，两者之间是不平等的。当人本与资本不平等时，自然就会形成博弈，而博弈的结果就是内耗。在这样的情况下，即使你的产品不错，商

业模式也很好，内耗的存在也会削弱正向的效用。

目前，许多中小企业的员工工资和福利待遇是偏低的，在这样的情况下，要求员工和企业想法一致、目标一致、努力创造价值，简直就是天方夜谭。把员工视为利益共同体，不是口头上说说，也不是为了用奖金督促员工加班加点多干活，而是发自内心地关注员工的身心需求，把他们当成完整意义上的人，而非当成给企业赚钱的"工具人"。

不舍得分钱给员工的老板是做不好企业的，迟早要倒闭，这是于东来的"预判"。他说："因为你得不到人心，你不能给你的团队注入活力，注入希望。你不把员工当人看——员工怎么跟你去奋斗啊？你的企业就没有未来！"

于东来不喜欢说客套话，在他看来，话说得再好听，员工兜里没有钱，一切都是虚假的。1995年，望月楼胖子店开业，当时许昌的平均工资是300元，于东来给员工的最低工资是1000元，且包吃包住。第二年，于东来就给员工涨到1200元，第三年涨到1400元。

有句话叫"财散人聚"，于东来真心对员工好，员工也真心回报他。

当时，于东来身上负债30万元，他希望能用五六年的时间把债还上。没想到，当年年底就还了20万元的债，还结余50万元的利润。第二年，他赚了120万元，第三年赚了180万元。

第三章
同心才能同频，同频才能同行

三年下来，就将近有 300 万多元的利润。①

在不少企业老板看来，先得让企业赚到钱，才能水涨船高分给员工；还有一些企业老板，虽然给员工涨了工资，却同时要求增加业绩。于东来却不这么想，他的理念是"要打胜仗，先让战士吃饱"，只有把工资提高，让员工没有后顾之忧，他们才能安心做事、认真投入。

为什么胖东来的员工笑得那么真诚，做事那么用心？因为于东来用实际行动展示了什么是"把员工当家人""把员工视为利益共同体"，员工们也真切地体验到了被尊重、被厚待的美好，把胖东来当成自己的"船"，无论这条船是满载而归还是触礁搁浅，都愿与"大哥于东来"齐心协力、同舟共济。

2. 金钱观：人应当学会满足，不能沦为金钱的奴隶

十五年前，有一家连锁企业的老板找到于东来，说他店里员工的流失率非常高。这家企业当时有 25 家店，店面积都不大，年销售额 7000 万元左右。

于东来问他："你现在还赚不赚钱？"对方告知，一年赚 100 万元—200 万元左右，净资产 1400 万元；再问员工工资，对方告知普通员工月工资 500 元，店长是 900 元。于东来听后，反问道："现在你拿 1400 万元，你这么苦恼，你员工一个月拿

---

① 详见胖东来官网，《走在信仰的路上》之"关于分钱"，第 39 页 –41 页。

500元，他们是什么状态呢？"

最后，于东来给对方提了一个建议：拿出一个店50%的利润分给员工，把员工工资从500元涨到1000元，店长从900元涨到1800元，看看他们开不开心？有没有热情？再赚了钱，仍然把50%的利润分给员工，50%的利润留给自己。这样的话，你可以赚到钱，员工做事也有热情，企业能不美好吗？[①]

舍得把利润的50%~95%都分给员工的做法，折射出了于东来的金钱观：懂得满足，学会主宰金钱，不做金钱的奴隶。他看不上那些自私贪财的企业经营者，认为这些人既不懂得人生的价值，也不懂得金钱的价值；试图用金钱去标榜自身的强大，只能证明内在懦弱空洞，只是一副没有灵魂的躯体。

于东来曾经在视频中与学员班成员开诚布公地分享过自己对金钱的态度：

我这个人不只会挣钱，也会花钱。我们大部分企业家只会挣钱，不会花钱。其实，我比你们花钱真的厉害多了，我手里边不敢有钱，有钱我也存不住。但是大家都习惯存钱，一有钱就开店。所以，大家老是说到最后觉得没钱，我老是有钱我就放弃，抓紧时间赶快分给大家，我看见钱就分。有几次，就把

[①] 详见《美好之路：于东来首期学员班分享实录》第四课，123页，有改动。

第三章
同心才能同频，同频才能同行

钱分多了，其实企业没那么多钱，多分了几千万元，我说那等明年再挣几个月过来不就有了吗？这就是一种生活的态度。

其实，我对钱也不是不喜欢，算算自己的这种资产，包括自己的房子、企业里边的股份，我算下来也有一亿多元。我以前的目标是四千万元，后来跟老婆存了几千万元，将利息加起来有五千万元了，前年出事，我们调整的时候就把这个钱全部都花掉、分掉了。

你想要钱那不是很快吗？等到你一年挣一亿元，给团队分五千万元，剩下你不就有五千万元了吗？你有五千万元干什么不行啊，又不是说你要去找马斯克做星际旅行，大不了你买几辆好车玩一玩，能花几个钱？你就是天天喝茅台也喝不完。这就是我们对钱的一种态度，正确对待钱的时候，我们真的会因为钱而让自己轻松快乐，会主宰钱，就能跟钱做朋友。①

有不少企业老板一直固守存量思维，竭力避免一切支出。反观于东来，他拥有的是增量思维，考虑如何用已有的资源，换取更多的资源，在这个过程中提升自己的认知，做大自己的格局，造福更多的人。

在给员工涨工资的问题上，于东来一直是从员工的视角出

---

① 详见《美好之路：于东来首期学员班分享实录》之"员工该怎么激励？该如何分钱"，第106页。

发来看待和思考的："我们涨工资是希望员工过得更好，希望员工有更好的回报，希望对员工有更好的激励，让他们往更好的方向去发展，并不是我们涨工资就想马上有好的回报，这是不可能的。我们总是按照自己的习惯进行思考，从来不去换位思考，如果对方的角色放在我们身上，我们怎么办？"

他曾在微博中坦言："现在很多企业家或老板挣再多的钱也觉得少，挣再多的钱宁可赌博挥霍也舍不得给下面的员工多发一些。这样的思想状态一定会伤害社会，伤害自己和家人，没有社会的幸福绝不会有个人长久的幸福。"

也许，胖东来的奇迹是无法复制的，但于东来对人性的思考、对金钱的态度、对真善美的传递，却值得每一个人深思。这并非要求每一位企业管理者都拥有大舍的精神，起码要学会向员工释放出最大的善意和尊重，朝着这个方向不断地努力和提升。

曹德旺在接受央视采访时曾经说过，真正的企业家是在追求一种境界：国家因为有你而强大，社会因为有你而进步，人民因为有你而富足。我们的社会需要像于东来这样的优秀企业家，领着越来越多的普通人共同努力、共创价值、共享成果、共同富裕。

同频共赢：真心成就他人，调动自驱力

无论是调整组织结构，还是设计薪酬制度，企业经营者都有一个共同的期望和效用，即调动员工的工作热情与积极性，激发他们的主动性与创造性，以提高组织效率。在激励的形式上，物质性的奖励必不可少，这是满足员工基本需求的支撑，可如果奖励一直与工作绩效挂钩，员工就会把奖励的多少视为今后工作投入的决策依据，且边际效用也会逐渐递减。

假设某企业的一位员工固定月工资5000元，工作满一年后，老板决定给他增加固定薪资500元。不难想象，这位员工肯定很高兴，因为自己的付出得到了认可和回报，老板的加薪也让他对公司多了归属感，提高了对工资的满意度，同时也对工作多了一分主动和热情。然而，这归属感和热情可以持续多久呢？

不夸张地说，短的话也就三个月，长的话也不过一年。听起来有点令人沮丧和寒心，但我们不得不接受，这就是人性。在激励的形式上，

物质性的奖励必不可少，这是满足员工基本需求的支撑，但涨工资带来的激励作用，往往在几个月后就会消失。随着时间的延长，员工对涨薪的需求会日趋强烈，而涨薪带来的边际效用却会递减。

其实，如果你了解经济学上的"棘轮效应"，就不会对上述情形感到失望或意外了。

棘轮效应指出，人的消费习惯形成之后有不可逆性，向上调整容易，向下调整难。

如果企业总是通过不断地提高相同的激励物质来满足员工增长的或是不变的效用满足需求，那么企业就需要不断地盈利，且利润幅度必须大于激励标准的上升幅度。否则的话，企业就会掉进入不敷出的恶性循环中。如果企业取消或降低激励的标准，员工的需求就得不到满足，工作积极性也会大打折扣，甚至产生抵触情绪。

马斯洛需求层次理论里讲过，人的需求有五种：生理需求、安全需求、爱和归属感、尊重与自我实现。显而易见，人的需求是有层次的，企业在制定激励标准时，一定要考虑到员工个人层次化渐进的需求。

对某一个员工来说，第一次给予金钱方面的激励，也许能够达到刺激其积极性的作用。随着他对金钱的需求不断得到满足，他的需求层次就会提升。这个时候，金钱对他来说就不再是最重要的了。假设此时的他已经提升到了"受尊重"的层次，那么企业给予其职位上的晋升，带

第三章
同心才能同频，同频才能同行

来的激励效用会更大。

员工的需求层次是推进式变化的，企业的激励标准也应当是变化的，激励物也要相应做出调整。与此同时，企业也要考虑到不同个体之间的不同需求。同一个时间段，每个人的需求都不一样，所以对不同的个体，也要采用差异化的激励措施，不能刻板地一视同仁。

20 世纪 50 年代，日本企业在薪酬方面大都采用"年功序列"的制度。

所谓年功序列，就是一个员工进入企业后，不断地有上级领导为他指明方向：你的短期目标是什么？达到这个目标之后，在企业里是什么样的状况？然后，当员工达到了这个短期目标后，企业立刻兑现承诺，同时再对其提出新的目标。

长此以往，员工就会对企业充满感情，许多员工进入企业那天开始，生老病死都与企业联系在一起。虽然企业仍然归老板所有，但许多员工都会把企业当成自己可依靠的"家"，企业与员工之间形成共同的利益后，团队也变得更有凝聚力。

胖东来员工的热情是公认的，这与高薪资待遇有一定的关系，但胖东来人的敬业精神绝不仅仅是因为钱；胖东来给予员工的激励，也不只是"财散人聚"那么简单。

于东来知道，物质带来的感动和感激是难以长久的，因为没有绝对的公平。如果单纯追求物质，很容易引发矛盾，甚至不同岗位之间的薪资差别也会引起嫉妒和不满。这是于东来不愿看到的情景，也有违企业的愿景和宗旨，他更希望让员工为了生活更美好而工作，带着善良与爱意去造福社会。

胖东来的官方网站上，有一个专题叫作"员工人生规划"。胖东来按岗位专家和管理专家两个方向培养员工，设置了五种评价体系：星级员工、服务标兵、技术明星、星级经营人员、星级后勤人员。

每个评价体系，按照星级的差异，规定了详尽的行为指南，员工可以快速识别自己目前所处的位置和努力的方向。对于不同星级的员工，胖东来有与之配套的生活规划，比如普通员工的住房条件是与人合租两室一厅，技术明星的住房条件是拥有 $80m^2$ 以上的新房子。

这张细致的评价网，弥补了行政晋升在激励上的滞后和僵化，给胖东来所有员工一个准确的锚定，鼓励他们去突破。员工每一点细微的进步都可以迅速得到肯定，追求成长的本能，给人带来了巨大的激励，让员工产生主动的"满意"。①

胖东来在设计薪酬福利时，运用了定价策略中的方法和技巧，建立

---

① 详见《胖东来这么牛只是靠涨工资？走心的"员工激励模式"才是真正的秘诀》，曹琳老师，2021年3月4日。

第三章
同心才能同频，同频才能同行

公开、公平、公正、合理的晋升机制，发挥考核与奖励的杠杆作用，使薪酬制度对内有吸引力，对外有竞争力。同时，胖东来根据员工对企业做出的贡献，及时进行实绩考核，明确、合理地给予奖励、表彰优秀员工，让他们感受到自己的付出得到了企业的肯定和重视，促使员工产生进取精神，提升努力工作的积极性和满足感。

我们就不逐一罗列胖东来激励机制的细则了，一是因为这些内容大多是公开的，感兴趣的朋友可以自行查阅；二是因为胖东来有自己特定的文化理念，许多激励举措也是量身定制的，无法"拿来即用"。所以，与其在"术"上停留，不如去钻研"道"，胖东来的激励机制中涵盖了几个重要的关键词，这些核心的理念对多数企业是有启迪意义的。

关键词1：合理

> 在2012年12月26日"全国连锁商业总裁年会暨第十届中小连锁企业战略发展研讨会"上，于东来在发表讲话时提到："要建造一个相对公平的环境，政策不能随意去制定……我们的制度一定要合理。只有合理，才能让我们请的人、雇的人在这里能感觉到快乐，感觉到放心，我们才能更好地合作。"

胖东来的制度体系颇具独特性，是在"以人为本"的企业文化的指导下，遵循"激发员工内驱力的柔性管理和严格的制度刚性管理"的原则制定的。在1999年年底，于东来就考虑给员工分股份，让他们"分享企业治理权与剩余权"，充分肯定劳动者创造的价值。

胖东来实行的是"岗位股权制",而非员工出资持股。股份是不固定的,会随着员工岗位或能力的变化而变动,凸显了"能上能下"的特点,强调了岗位价值的重要性。"股"随"岗"变的合理性在于,员工的岗位层级越高,承担的责任和风险越大,面对的挑战也更大,若能很好地履行职责,为企业做出的贡献就越大,得到的股权收益自然也就越多。①

关键词 2:公平

很多企业都存在这样的困惑:建立了激励制度以后,员工不仅没有受到激励,工作积极性反而还下降了。之所以会出现这样的问题,往往是因为只有激励制度,没有相匹配的评估制度,产生了负面效果,抑制了员工的积极性。比如,多数公司都设立了"年终奖"计划,但因为太过"平均主义",让那些付出多、贡献大的员工心生不满。

所以,仅有激励制度是不够的,企业还要针对每个岗位的职责、义务、奖惩做出明确的规定,特别是在责任的划分和界定这一部分,更要慎重和细致。有了这样的评估制度,一切都是公开的,员工也能够进行自我评估和监督,才能促进激励制度发挥作用。

于东来一直强调:"公平不是平均,而是干得多拿得多。"

在招聘用人方面,胖东来并不太看重学历,而是更注重员工的思想、态度和能力。这是一个公平的起点,只要员工有认

---

① 详见《胖东来,你要怎么学》之"胖东来的股权分配体制",王慧中著,105 页,有改动。

第三章
同心才能同频，同频才能同行

真学习的态度、积极的工作表现，就可以获得快速的成长。

在胖东来，员工的职业规划主要划分为三条主线：

管理型：营业员—课助—课长—处助—处长—店助—店长

专业型：营业员—岗位标兵—岗位明星—资深员工

技术型：技术员—技术标兵—技术明星—资深技术员

胖东来为员工设置了不同的成长通道，同时设置了公平公正的考核机制，确保每一条线上的员工都有机会通过自身的努力得到期望的岗位。

关键词3：目标

管理学家洛克认为，指向目标的工作意向是激励的一个主要源泉。企业管理者应当确定具体的、难度适中的目标，调动员工的动机和行为，使员工认同并内化成他们自己的目标，从而提高员工工作的主动性。只有不断激发员工对目标的追求，才能激发其内在的动力。

企业是一个大型的团队，要激励团队发挥出生产力，目标必不可少。通常来说，目标的价值越大，社会意义就越大，也就越能激励人心。设置总目标的意义在于，让员工知道该往哪儿走，但达成这个大目标是一个长期的、复杂的、曲折的过程，因此，还要据此设置若干恰当的阶段性目标，采取"大目标，小步走"的方式，逐级地实现目标。

要让目标发挥出激励的作用，前提是确保目标正确，具体衡量标准可以参考以下三点：

标准 1：目标明确且具体

　　确立目标，要有明确而具体的标准，以及确切的时间。这样的目标，才能让执行者有的放矢，不但能给个人提供满足感，还有切实可行的现实感，从而激发实现目标的内在动力。如果目标是模糊的，摸不着、看不到，就如同在黑暗中盲目射击，可能做出了不少努力，但这些力量都是分散的，难见成效。

标准 2：目标有相当的挑战性

　　为团队或员工确立的目标，应当是经过努力可以实现的，目标的难度以"踮起脚尖够得着"为标准，目标太低的话，难以带给员工荣誉感和满足感，也会丧失激励的作用。

标准 3：目标里融入个体期待

　　一个恰当的组织目标，不能只包含组织的期待，还要与个人的目标相结合。因此，管理者要了解员工的期待，并将这些期待化为具体目标，或融入企业目标中，将两者融为一体。这样的话，大家就会觉得，努力工作不只是为达成企业目标，也是为了自我实现；帮助企业达成大目标，就等于在实现个人价值。

关键词 4：自主

　　许多企业不惜花费重金请管理咨询公司来协助规划设计公司的岗位标准、胜任力模型等，但效果并不是特别理想。毕竟，再专业的咨询公

第三章
同心才能同频，同频才能同行

司也不可能熟悉所有行业、产业的岗位需求，一旦外部咨询公司制定的岗位标准与实际状况相冲突时，要贯彻执行是很困难的，因为员工会有严重的抵触情绪和抗拒心理，不愿被动执行。

  胖东来的所有制度、流程和各类标准都是由人力资源部规划设定的，以《岗位实操手册》来说，制定小组的成员由各个部门的主管、资深员工和身处该岗位的员工组成。

  关于这点，于东来说："现在的年轻员工该怎么管？你要让他有自主性。比如这个《岗位实操手册》，我对他们说，你们自己最了解自己的岗位应该怎么做才能做好，那这个标准你们就自己制定吧！等这个标准制定出台以后，我会对他们说，这个标准可是你们自己制定出来的，所以你们更要认真执行。"

胖东来制定《岗位实操手册》的过程，充分体现了"自主"的特点。实际上，所有的激励手段，最终的落脚点都与之雷同——借助外部的激励手段，调动员工的自我激励。

  在工作的过程中，个体期望通过对工作的掌控，影响产出结果，并获取成就体验。从驱使个体工作的角度来看，追求金钱报酬不是首要因素，因为金钱奖励包含着控制性暗示，这种暗示会抑制个体的价值自觉倾向；当员工逐渐意识到努力投入的重要价值，最后到认同并将之纳入自身信念，发自内心地全力投入工作中，并从中体验到某种成就感，才会真正爆发出积极性和追求自我实现的期望。

想要激发员工工作动力，填补心理能量的黑洞，除了给予满足基本需求的物质奖励之外，最重要的是从心理层面上把握住员工的需求。因此，企业在设计绩效评价体系和薪酬激励体系时，应该满足员工的三种基本需求：胜任需求、自主需求和归属需求。

（1）胜任需求：员工渴望对工作环境进行控制，期望通过从事有挑战性的任务来检验和扩展自身能力的需求。

（2）自主需求：员工能够在工作中以独立的意志来行事，能够感受到一种选择的自由和心灵的自由。

（3）归属需求：员工能通过与他人的亲密协作，获得共同体身份认同，满足利他主义与亲社会伦理情结。

追求金钱不是个体工作的终极目的，若能从员工的胜任需求、自主需求和归属需求出发，重新审视和优化激励体系，引导员工自发地参与创造性的工作，成为自己行为的亲历者，而不是一个旁观的局外人。这样的激励模式，才是有效的、可持续的。

共同成长：扬善戒恶，培育健全的人格

拉金德拉在《美好企业》一书中，谈到了商业价值观与人本主义价值观的问题：

> 美国加利福尼亚州曾经发生了一起令人震惊的谋杀案，当时有听众询问一位知名的灵性导师对这件事情有什么看法。这位灵性导师游历世界各地，教导人们如何通过获得内心的平衡与安宁来缓解压力，他说："我感觉自己有责任，所有人在彼此之间都有一份责任。"
>
> 这个回答让听众感到意外，继而追问何出此言？灵性导师说："极端的暴力行为源于极端的压力，我感觉自己有责任是因为，如果很努力地接触到更多的人，我就可能帮到这名凶手，使他知道如何减压并控制好自己的情绪。这样看，这起悲剧本可以避免。"

提及"自己要对什么负责"时，多数人惯常想到是工作、家庭、自

身的言行等，涉及的领域和范围是比较小的。然而，当这个问题摆在美好企业、良心企业的领导者面前时，他们的想法与那位灵性导师如出一辙，会认为自己的责任远远超过眼前的世界，内心有一份"向善而生，向爱而行"的情怀。

侠之大者，为国为民；商之义者，利民走心。

被誉为良心企业家的于东来，一直有着"实业报国"的情怀。从开店之初到现在，每逢国家有难，他便义不容辞地奔赴在救援路上，二十几年间累计捐款7800万元。

1996年，只是一家烟酒店小老板的于东来，在看到美国航母编队驶入我国台湾海峡的新闻后，连夜攥着几万块钱到中国航天基金会捐款，要支援国家造航母；2003年，为抗击非典疫情捐款800万元；2008年汶川地震，他组织员工前往灾区救援，捐款捐物近1000万元；2020年，他为新冠肺炎疫情中的武汉捐款5000万元；2021年河南省遭遇水灾，他带领200多名员工到前线参与救灾，并为河南省灾情捐款1000万元。

在新冠疫情期间，个别地区出现了物资紧缺的状况。有些企业利欲熏心，出售假冒伪劣产品；还有些企业哄抬物价，这些行为严重地伤了百姓的心，也对企业的品牌形象造成了不可挽回的损伤。胖东来严格遵守法律法规经营，在国家有难之时，坚决不囤积商品，不哄抬物价，医药、超市保证市

第三章
同心才能同频，同频才能同行

场供应。

在疫情期间，为了稳定员工的心，让员工安心工作，减少后顾之忧，胖东来承诺：凡是参与本次抗击疫情任务，坚守岗位，造成牺牲的人员，只要公司存在，公司至少补偿200万元；对于那些因为疫情暂时歇业的部门员工，胖东来依旧正常发放生活工资。

作为胖东来的老板，于东来用行动诠释责任，以力行彰显担当，让员工真切地领悟到，什么是"爱在胖东来"，什么是"知行合一"，什么是"扬善戒恶"；他也让员工真切地感受到，胖东来存在的意义：不是为了得到多少利润，发展成多大规模，而是看见人、关注人，创造爱、分享爱、传播爱。

胖东来把"培养健全的人格，成就阳光个性的生命"作为愿景，把"扬善戒恶"作为做人做事的准则。实际上，这两者是彼此相依、相互促进的关系。一个拥有健全人格的人，必定是活出真实自我的人。真实不意味着完美，而是既能够看见自身的优势与长处，又敢于承认和接纳自身的缺点与不足，用良知去觉知自私、嫉妒、自卑、贪婪等情结的存在，然后努力去发展良善的、美好的一面，不被愚昧的、丑陋的、阴暗的东西所裹挟。

为什么胖东来会提出这样的价值观呢？这依然与于东来的个人经历有关。

于东来的身世和经历已经不是秘密了，他曾经多次公开地讲述过自己的过往：出身贫寒之家，只读了七年书，卖过水果、冰棍，挖过矿，也曾疯狂地迷恋赚钱，并在利益的驱使下铤而走险，结果不仅赔个精光、身负巨债，还因此锒铛入狱。他承认自己心眼小，有过两次自杀的念头："在我的骨子里面、性格里面，贪婪、自私、心胸小、虚伪这些劣根性，让自己非常痛苦，这种习惯深深地伤害了我自己。"

之后，他踏上了个人成长之路，他将其称为"自我救赎之路"，读卢梭的《忏悔录》，读苏格拉底、柏拉图、亚里士多德、黑格尔的作品。从某种意义上说，胖东来的文化理念是在于东来痛彻心扉的反思与感悟中淬炼出来的结晶。

在践行企业文化的路上，他是胖东来的第一执行人；在个人成长的路上，他是员工的精神导师；他对"扬善戒恶"的理念做了清晰的诠释，在员工的具体行为上给予指引，力求实现老板与员工、企业与个人的共同成长。

胖东来的《文化理念培训手册》中，有关于"善与恶"的含义解释，以及"扬善戒恶"的具体执行标准。任何一名员工打开手册，都可以明确地知道，什么样的行为符合胖东来的价值观，什么样的行为与胖东来的价值观背道而行，从而在内心树立起"正确"的方向，在思想和行为产生偏差时，及时进行校正。

第三章
同心才能同频，同频才能同行

胖东来的"扬善·戒恶"[①]

1. 善与恶都是人性中真实共存的，是一种自然状态，或是在不同的社交文化背景中所形成的、潜移默化到每个人身上的个性特征。

2. 当我们重视和专注自身的优点，尽情地释放和体现美丽的、"善"的一面时，身上的不足就被慢慢淡化了，生命的缺点也就被稀释、被边缘化了。

扬善：阳光、自由、尊重、信任、真诚、公平、正义、勇敢、博爱、节制

善——不仅仅是指善良、善意，也是源自内心深处最纯粹而柔软的力量，它包括一切引导人们走向公平、正义、阳光、自由、爱的美好品质。

扬善——尊重真理与自然法则，将"善"的美好的东西融入思想，体现在行为上，让人们活出勇敢、自由、个性的生命，让社会充满更加文明、温暖、幸福的正能量。

（1）阳光——活出人性善良、美好的一面。

（2）自由——以不违背法律和人性的道德标准为底线，以突出善良和个性为原则，不接受束缚，既不束缚自己，也不束缚他人，保持对每个生命、每个物质的尊重和敬畏。在此基础上，从精神思想的自由，落实到行为自由。

（3）尊重——接受万事万物的本性，共同向崇善的方向发展而不是

---

① 摘自《胖东来文化理念手册》之"胖东来企业文化理念解析"，有改动。

指责。

（4）信任——相信、支持、成就、认可，最大限度地给予自己和他人成长和实现目标的机会。

（5）真诚——真实、坦诚地对己对人，不违心做人做事，拒绝虚伪。

（6）公平——尊重自然法则，在此基础上让所有的人付出和回报成正比。

（7）正义——传播和保护正能量，控制自己的邪恶，或在保护好自己的基础上，合理阻止他人的邪恶。从制度上保证每个人的人格、权益、尊严得到保护、不受伤害。

（8）勇敢——心底坦荡、正直、强烈的正义感，敢于面对、接受，敢于主动承担，有解决问题的信心和决心，为了善良和信念，无畏生死，永不退缩。

（9）博爱——拥有普世情怀的大爱之心，用宽广的胸怀释放自己的爱和善良，爱自己、爱他人、爱社会，分享和传播爱的能量。

（10）节制——保持理性，任何事情都在健康合理的度以内调整。

戒恶——虚伪、无知、自私、自卑、嫉妒、贪婪、束缚、伤害

恶——人性中丑陋的、黑暗的一面，也包括让人们痛苦的、苦悲的诸多因素。

戒恶——认知人性在生命中形成的无知、愚昧、迷失自我的不成熟状态。懂得摒弃"恶"的习惯，理性地对待磨难，勇敢地承担接受，培养健全的人格，成就阳光个性的生命。

第三章
同心才能同频，同频才能同行

（1）虚伪——不真实的、假的，让人痛苦的。

（2）自私——害人害己的行为。

（3）自卑——不尊重和敬畏自己的生命，浪费并践踏自己生命的行为。

（4）嫉妒——否定自己，拿自己的短处和别人的长处对比，让自己的精神痛苦达到峰值的行为。

（5）贪婪——因为无知，让欲望大于能力，让幸福远离自己的行为。

（6）束缚——违背自由，痛苦的根源，对人性、精神、灵魂、道德和行为绑架的行为。

（7）伤害——迷失人性，不懂得尊重自己和保护自己，不懂得尊重他人和保护他人。伤害他人，其实更伤害自己，也伤害社会……这是最无知、最愚昧、最不值得的行为。

个人成长是一个很大的话题，它涉及人格健全、三观正确、积极思维、积极情绪、积极自我等多个方面。培育健全的人格是个人成长的第一步，修正认知偏差、矫正价值观，才能学会客观地看待问题、评价事物；想要实现积极自我，还需要积极思维的助力。于东来提出的"扬善戒恶"，正是引导员工培养积极思维，保持积极情绪，最终走向积极自我的过程。

什么是积极思维呢？简单来说，就是用成长型的思维去看待自己、看待问题、看待挑战、看待失败。即使发现当下的自己不够好，但是相信自己有成长和进步的空间；哪怕当下的形势不太理想，但是相信可以通过努力避免最坏的结局。

心理学教授卡罗尔·德韦克在《终身成长》中指出，我们获得的成功并不是能力和天赋决定的，更受到我们在追求目标的过程中展现的思维模式的影响。成功的人往往都有成长型思维，通过不断提升自己以保持在高水准状态；不能保持持续成功的人，在面对压力或失败时，往往会陷入固定型思维，将失败归咎于外界的原因。

从个人视角来看，于东来是一个拥有积极思维的健全人格者；从企业视角来看，于东来是一个带领团队走向卓越、真心成就员工的成长型领导者。他没有把胖东来当成突出自身优越性的工具，而是把胖东来当成促进成长的发动机——促进自我、员工与企业的共同成长。

有成长思维的领导者，就会有成长型思维模式的团队。当一个企业偏向于成长型思维模式，认为员工通过努力以及正确的策略和指导可以获得成长和进步，那么企业也会进入一个不断发展和进化的良性循环。

我们不能简单复制胖东来"扬善戒恶"的价值观，但可以学习这份价值观背后的"成长型思维"，以管理者的"自我成长"为起点，营造良好的环境和氛围，最终打造出一支拥有成长型思维的团队。至于具体的方法，这里有几条建议，希望能给管理者们带来一点启发和帮助。

第三章
同心才能同频，同频才能同行

1. 多鼓励团队的优点和进步，保持积极向上的状态。

多关注和鼓励团队的优点和进步，通过不断的鼓励，激发团队及成员的潜能，让团队保持一个积极向上的状态。同时，还要学会引导员工，让他们认识到高要求与成长的关系，让员工学会主动提高对自己的要求。

2. 多强调团队协作的力量，少强调自己的重要性。

无论是管理者还是普通的职场员工，过分强调自身的重要性，忽视他人的付出，很容易给人一种妄自尊大、不尊重他人的感觉，难以得到他人的好感与信服。管理者平日与员工交流时，要多强调"我们"，少强调"我"，多鼓励员工表达真实的想法，并尊重他们的想法。

3. 既要关注执行的结果，也要关注执行的过程。

有些管理者在带领团队时，总把焦点放在结果上，只关注冰冷的数字增长，忽视团队的成长。这样一来，往往就会忽略团队中的积极因素，让团队陷入一种消极的、负面的氛围中。虽然结果反映着绩效，但团队执行任务的过程也值得关注。要善于发现过程中的正向因素，这是团队成长的核心，也是应当积累的经验。

4. 建立良好的沟通渠道，保持团队内部信息透明。

团队中不同成员所拥有的知识面和认知存在差别，如果信息不透明，很容易降低团队处理问题的效率；如果每个员工都习惯在自己熟悉的领域中处理工作，也会阻碍其成长。所以，建立良好的沟通渠道很重要，管理者要尽量保持团队内部信息透明。

胖东来在这方面做得就特别好，各项规章制度、执行标准都写得清清楚楚、一目了然，这可以让团队的每个成员了解必要的信息，减少信息不透明带来的成长阻碍。

5. 不做上手型管理者，让员工在试错中成长。

适当让员工犯错，对团队的成长是有益处的，这就如同"挫折教育"。不少管理者在处理业务方面很精干，当员工出现问题时，总想自己快速地将问题处理好，以求效率。

不可否认，效率很重要，但这样做的后果，是压缩员工的犯错和成长空间。所以，处理失误的时候，最好的办法是跟员工一起分析讨论，这样不仅能提升自身的领导力，还能把控员工的行动方向，以免重复同样的错误。

共享美好：打造舒适优质的员工之家

全球领先的办公家具品牌 Steel case 曾经发布过一篇名为《敬业度与全球办公场所状况》的报告，该报告显示：员工对办公环境的满意度与员工对工作的敬业度呈正相关。

简单来说，在其他条件相同的情况下，公司提供给员工的办公环境越好，员工的敬业度越高；公司提供给员工的办公环境越差，员工的敬业度越低。

20世纪90年代掀起了互联网大潮，不少新兴公司如雨后春笋般涌现，为了与资格较老的电子媒介公司争夺技术人员，他们着力于改善办公环境，推出了与开放式办公环境截然不同的布局，办公室里多了茶水间、咖啡吧、衣帽间、游戏室、乒乓球室等一系列配套设施。渐渐地，这种做法开始在越来越多的行业和企业中盛行开来。

这些公司之所以愿意投入资金去改善员工的办公环境，一是因为办公室折射着公司的企业文化、精神风貌，象征着公司的软实力；二是因为干净整洁、井然有序的办公环境，减少了员工不必要的时间成本，间接地提高了员工的工作效率，同时也提高了员工对企业的认同感与归属感,影响着员工的敬业度。

许多人选择到 Google(谷歌)工作,不仅仅是冲着全球搜索巨头的名号,更是看中了谷歌优厚的薪资待遇,以及被誉为"世界上最好的办公室"的工作环境。

在 Google 的企业理念中,工作既是生活的一部分,也是乐享生活的源头。所以,Google 的办公室一直以"快乐场景"和"有趣设计"为主,通过抽象的主题,将多元文化包容,为员工提供一个轻松、自由的高效办公环境。

员工上班时可以不穿西装、套装,按照自己的作息来工作,公司以最大的弹性满足每个员工的需求,员工在上班期间还可以携带宠物;工作累了,可以直接躺在按摩椅上休息;想活动时,可以去打台球、练健身器材……这些在 Google 的办公大楼里,统统可以实现。

Google 这样设计办公环境,目的就是想让员工充分地发挥想象力与创造力,让员工最大程度地增加自己的工作满意度。

胖东来的文化理念融合了世界各地优秀企业的精髓,于东来希望能够创建一个公平、自由、尊重、信任的环境和体制,保障员工基本的生存需求,让每一名胖东来员工能够有体面、有尊严地生活。他为员工打造的工作环境在国内零售行业中是少有的,除了整洁有序的卖场环境以外,还有充满人文关爱的"员工之家"。

第三章
同心才能同频，同频才能同行

很多人不理解，为什么于东来要斥资打造这样一个"员工之家"？对此，于东来解释说："我们追求的不是挣多少钱，比别人优秀，而是活出生命的质量，要活出自己喜欢的样子，自己喜欢的状态。员工在这个地方可以吃饭、休息，这里的冷饮都是免费提供的。"在他看来，每个员工都应当活得有尊严、幸福、自由。

现代管理学之父彼得·德鲁克说过，管理是一门真正的博雅艺术。

管理的本质，就是激发和释放每一个人的善意。给予他人共情，愿意为他人服务，是一种善意；帮他人改善生存环境、工作环境，也是一种善意。企业管理者要做的，就是激发和释放人本身固有的潜能，创造价值，为他人谋福祉。

良好的工作环境，可以带给员工饱满的工作热情与持续的工作动力，影响员工的精神状态，良好的精神状态关系着企业的生命力、经济效益和发展方向。所以，企业在给员工提供工作场所时，应当考虑到场所形成的文化氛围、和谐氛围、团队氛围。

现在的工作团队，"90后"与"00后"逐渐成为重要的组成部分，他们的成长环境、生活态度与前辈们大不相同，对于工作的认识，以及对工作环境的要求，也与过往有较大差别。对他们而言，工作不仅仅是一个地点，也是一种活法，是表达创造力的方式，是获得成长、感受意义、创造价值的途径。

作为企业管理者，不能忽略空间环境对个人行为表现的影响。年轻一代的员工期待在工作中融入更多的生活，管理者要尽量为员工提供一个感觉更惬意的环境，带给他们丰富的、舒适的体验，这样才能激发出他们的工作欲望，正所谓"一流的环境创造一流的业绩"。

共同维护：遵守制度规则之下的自由

古语云："没有规矩，不成方圆。"

没有制度的团队，犹如一盘散沙。缺少监督与约束，人人都凭借一己之私来处理问题，结果可想而知，企业定会乱象丛生。然而，有了制度的框架就不一样了，即便原是一盘散沙，也可以将其固定成形，规范版图，让其有秩序、有规范地存在。

万科集团创始人王石在谈及管理经验时，曾说过这样一番话："在企业管理上，就要加之以辅助物，在道德层面假定善意，但在制度层面假定恶意。而这个制度上假定恶意是指在未出现问题时明确监管，出了问题后按照这个制度去解决。你无法保证你的部下全部是天使，或者他们曾经是天使就能永远是天使吗？从制度上假定恶就是当恶还没产生或欲望还没产生的时候，就将其抑制住。你无法要求你的部下全是天使，他会有魔鬼的一面。而我们制度的约束，就是减少他魔鬼这一面的释放。"①

制度是一种冷效率，当流程变得标准化以后，企业内部各个环节之间的出错概率都会降低，能够有效地节省时间。同时，制度是团队的共识，是不可侵犯的，能够对员工起到监督和鞭策的作用，从而提升效率。

融合各种激励机制的薪酬制度、公平合理的晋升机制、精细化的运营管理，这些都体现了胖东来制度的先进性。好的制度可以激发人的潜力，让员工找寻到工作的价值和快乐，认为这个地方值得留下来，能拥有继续上进、变得更好的力量。

这里需要澄清一个问题：好的制度一定包含着多种正向激励的方式，但仅有奖赏的制度并不能称为好的制度。在设计管理制度的过程中，一定要结合管理哲学，遵循"人性善恶兼有"的事实。

每个人都是利他利己的结合体，在制度与规范内唤醒利己思想，远比唤醒利他思想更能激励员工的动力。利己利他合二为一，唤醒员工的利他思想，同时也要设定相应的制度，防止人们为了利己不择手段，让利己损他的人为此行为付出巨大的成本。这样的制度，才是符合人性，且具有生命力的。

美国心理学家斯金纳提出的"操作条件反射"理论认为：
无论是人或动物，为了达到某种目的，都会采取一定的行为，

---

① 《王石：万科的管理、制度、用人三要素》，一度天使，2017年2月28日。

第三章
同心才能同频，同频才能同行

这种行为将作用于环境。当行为结果对他（或它）有利时，这种行为就会重复出现；当行为的结果不利时，这种行为就会减弱或消失。奖励是一种积极刺激，可以增强某种行为的发生率；惩罚是一种厌恶刺激，可以降低某种行为的发生率。

胖东来给予员工的高薪资待遇、每周二休假、多通道晋级机制等，都属于积极的刺激，起到了正面引导的作用，让员工产生成就感，增强保持荣誉的内在动力。但是，尊重人、相信人，不意味着纵容，人性化管理也不是人情化管理，胖东来的制度中也有各项严格的规范要求，如若不遵守就要面临相应的惩罚，这种惩罚机制就是一种厌恶刺激，起到劝阻和警告的作用，让每一个员工明白，自由有边界，没有出界之前是自由，出了界就丧失了自由。

有奖有罚，赏罚分明，这才是真实的胖东来。

正因为真实，才会有喜有恶。所以，网络上对于胖东来的评价，不总是充斥着美好与赞誉，也掺杂着一些不太和谐、略显刺耳的声音，比如："动不动就扣钱""不准人做这个，不准人做那个""都是演戏，给别人看的""没在胖东来工作过的人，不知道内部有多黑暗"……透过这些负面的评价，大抵可以猜测出，这些对胖东来感到失望和厌恶的人，多半是从胖东来离职的员工，他们对胖东来的制度心存不满。

没有人能够确保自己可以得到所有人的喜欢，企业亦是一样，无论规模多大、声誉多好，也不可能得到所有员工的拥护。作为零售连锁企业的胖东来，旗下有十几家门店、上万名员工，不能保证每一个在胖东来工作的人都认可企业的文化与管理方法。当员工对企业心存不满时，抱怨无法消除；当企业认为员工的行为表现有违规定时，也会采取相应的惩罚措施进行约束，或是解雇。

胖东来到底是怎样处理员工违规行为的？有没有负面评价中说的那些"黑暗"？评价是带有主观色彩的，因为所处的立场有别，我们不妨结合实际的案例，看看胖东来处理问题的过程，以及管理层做出决策的依据，来客观地认识一下胖东来的管理制度。

胖东来商贸集团的微信公众号里，有一个板块是专门处理顾客意见的，里面实时同步客户投诉的问题和处理结果，下面是节选的一个实例。

时间：2023年10月1日，16：27：16

来源：微信

所选门店：新乡生活广场

反馈内容：今天购买的螃蟹，腿轻轻一拉就下来了，壳子很软，里面还空。

处理部门：新乡生活广场超市生鲜处熟食科

尊敬的顾客：

您好！看到您的留言我们非常重视，给您购物带来不便，真诚地向您表示歉意。主管第一时间与顾客取得联系，立即安排人员上门按照胖东来《客诉处理标准》为客户上门办理退款，顾客婉言谢绝，已通过微信转账方式为顾客办理退货。

针对您反馈稻田蟹的问题，经落实，由于稻田蟹生长周期

第三章
同心才能同频，同频才能同行

发育不完全，导致蟹肉、蟹黄不成形，出现空壳现象，我们立即将此问题反馈给制作人员，要求制作人员严格按照标准对商品进行加工制作，卖场销售人员在上货前对每批商品进行试吃排查，发现不合格商品的立即下架处理。

非常感谢您的留言，如您在购物中有其他需要帮助的地方，除周二闭店外，可以在营业期间（周五、周六 9：30-21：30，周日至周四 9：30-21：00）拨打我们的客服电话：0373-2817666。胖东来人很高兴为您服务，祝您生活愉快！①

以上是胖东来常见的客户咨询或反馈的情形，几乎每天都有许多条这样的信息。如果遇到客户投诉的情况，胖东来又是怎么处理的呢？

2022 年 9 月 6 日，顾客在胖东来官网留言投诉，称 9 月 4 日晚拨打精品区专柜电话咨询飞科理发器，专柜人员登记信息后，没有给予回复解答。销售人员的做法，引起了顾客的不满，以下是胖东来针对这一情形的具体处理过程：②

1. 及时回应顾客的投诉

由于我们工作的不用心，给您带来不便，真诚地向您表达

---

① 详见胖东来商贸集团微信公众号"顾客意见"板块。
② 详见胖东来商贸集团微信公众号"客诉频道"，2022 年 9 月 6 日。

歉意，感谢您对我们的包容，指出我们的不足，帮助我们成长和进步。按照胖东来《客诉处理标准》，我们会立即上门给予您 500 元投诉奖，力求让您满意。

2. 对内部员工进行处理

员工在为顾客登记信息后，没有及时回复解决，未按照工作流程标准执行，给顾客带来不便。按照胖东来《各项管理制度》第三章服务制度中第 2 条工作失误制度，对当事员工××一个月内第一次违反扣 50 分处理，督促我们更加静心工作、更快进步。

3. 对员工所在部门进行处理

2022 年 9 月 7 日和 8 日，许昌时代广场电器时代——电器营业处销售电脑的小组，利用晨会时间给员工分享此案例，反思工作中存在的不足。

要求员工每天下班之前，查看专柜顾客登记本，确认当天的问题当天回复解决，二次核对，避免类似的情况再次发生。

当月例会中，由本月优秀员工分享好的经验，通过分享和现场还原好的服务方法，让员工找出工作中存在的不足，结合自身情况取长补短，提高服务意识，为顾客提供更好的服务。

销售人员在接听电话后，对问题进行了登记，没有及时给予顾客回

第三章
同心才能同频，同频才能同行

复，故而遭到顾客投诉。这样的情况对商家来说不是什么新鲜事，可是像胖东来这样"兴师动众"处理问题的企业却并不多见，不仅给投诉顾客奖励 500 元钱，并处罚了当事员工，还针对这一问题开专题会进行反思和总结……胖东来的这种处理方式，到底算不算"小题大做"呢？

翻开《许昌市胖东来商贸集团有限公司各项管理制度》会发现，胖东来处理顾客投诉问题的流程是有据可依的，不是故意针对某位员工，也不是故意小题大做，更不是靠领导层拍脑袋决定，而是严格按照制度来执行的。

胖东来的管理制度内容很多，由于篇幅有限，我们在此节选"顾客投诉制度"和"服务违纪制度"中的部分内容作为一个简单的呈现。[①]

○顾客投诉制度

1. 被顾客投诉，调查属实按各项违纪制度执行：无论何种（服务投诉除外）投诉，一年内累计违反达到 5 次视为严重违纪，对当事员工解除劳动合同，促销调离胖东来所有门店。

2. 如果主管未按照《胖东来客诉处理标准》进行处理，造成二次投诉，将对当事处理客诉主管扣 100 分。

○服务违纪制度

违反以下规定，一年内第一次违反将对当事员工扣 50 分，

[①] 详见胖东来官网资料《许昌市胖东来商贸集团有限公司各项管理制度 2022 版》，自 2022 年 3 月 23 日起实施。

第二次违反任一条款双倍扣分，第三次违反任一条款视为严重违纪，对当事员工解除劳动合同，促销第三次调离胖东来所有门店，如果违反任一条款被顾客投诉，调查属实即视为严重违纪，对当事员工解除劳动合同，促销调离胖东来所有门店。

·为顾客服务时不主动、不热情、态度冷漠、语气生硬，对顾客的问题不回答、不解释；

·在顾客询问或有需求时，员工未及时放下手中的工作上前接待顾客，为顾客提供帮助；

·在服务过程中，如需暂时离开，未礼貌告知顾客；

·顾客购物出现意外破损时，未礼貌告知顾客"没关系"，未立即为顾客送上同样的商品，便于顾客购买；

·在拿、递、展示、介绍商品时，使用"不要摸""别弄脏""您要不要""很贵的""不要挑啦""不知道""这不归我管""卖完了，没有了"等否定语，以貌取人；

……

上述所列只是胖东来管理制度中很小的一部分，就顾客投诉制度来说，里面详细地列举了"一般违纪制度"和"较重违纪制度"的各种情况；此外还有"工作失误制度""仪容仪表制度""环境卫生制度""商品违纪制度""主管巡场制度"等，涉及与工作有关的方方面面，涵盖了胖东来所有的工作岗位，可谓是事无巨细。

第三章
同心才能同频，同频才能同行

看到这些规章制度，是不是觉得胖东来对员工要求甚高、管理甚严？没错，这正是真实的胖东来，给予员工高福利、高薪资，同时也对员工的工作提出了相应的要求。如果没有高标准的管理制度，就无法创造优质的服务。对于那些总想着"既要又要"——既要高薪资待遇，又要轻松不受约束，难免会对胖东来感到失望，甚至觉得它有些"黑暗"。

如果单独去看这些规章制度，会感觉有些冰冷而严苛，可若把它跟胖东来的责任感、使命感，与个人的自律、自我价值联结在一起后，就会感受到这是对所有尽心尽力者的一份公平公正的承诺，一份追求精益求精的做事态度，以及一份实现高效与持续发展的强大事业。

河岸的存在是对水的约束，没有约束，河水就会泛滥，不仅自己会失去方向，还会给世界带来灾难；奖惩制度的存在是立足于人性的趋利避害，没有规则就没有自由，对规则的遵从不是对自由的毁灭，而是对自由的保护。真正的自由不是为所欲为、没有限制，而是在有限制的条件下从心所欲、自在地存活。

或许，放慢脚步
我们的感官就开始复苏

第四章

以员工满意度，提升顾客满意度
——胖东来的"四好路径"

一体两翼：员工与顾客都是用户

员工与顾客，谁的满意度更重要？

当这个问题摆在企业经营者面前时，恐怕90%的人都会认为顾客的满意度更重要。然而，事实真的是这样吗？真相可能会让大多数人颠覆原有的认知。

哈佛大学曾经就这一课题进行过调查研究，结果显示：一个员工的满意度提高3个百分点，顾客的满意度可以提高5个百分点，企业的利润会随之提高25%~85%。

人力资源咨询公司翰威特做过一项"最佳雇主"的调查，结果显示：员工满意度达到80%的公司，平均利润率增长要比同行业其他公司高出20%左右。

这两组数据直观地说明了一个问题：员工的满意度影响着顾客满意度，也影响着企业的利润水平。实际上，这也是德国慕尼黑企业咨询顾问弗里施提出的"弗里施法则"的内涵，即有了员工满意度，才有客户

第四章
以员工满意度，提升顾客满意度

满意度。

许多企业习惯把顾客满意度挂在嘴边，绞尽脑汁地在翻新服务花样，可实际效用并不如预想得那么显著，原因就是这些企业忽略了一个重要的维度——让企业的员工满意。

在一条完整的服务价值链上，服务产生的价值是通过企业的员工在提供服务的过程中体现出来的，员工的言行举止、表情姿态渗透在每一项服务中，对顾客的满意度产生直接的影响。员工能否以热情快乐的态度，温和礼貌的语言对待顾客，又与企业为其提供的各方面的软硬条件的满意度息息相关。所以，想要提升企业的服务水平，绝不能忽视对员工满意度与忠诚度的关注。

国内以服务出名的企业中，最广为人知的莫过于"海底捞"与"胖东来"，它们在各自所处的领域内把服务做到了极致，而这也是源于两家优秀的领导者都有以人为本的管理理念，并十分重视员工的满意度。

谈到"海底捞"如何提高员工满意度的问题时，创始人张勇说的一番话令人回味："我觉得有些管理者把管理的问题夸大了，他为了显示自己的专业性，人为地制定一些不必要的流程。其实，有些东西就是实实在在去做的，实实在在去做，就是为员工解决实实在在的生活难题。"

海底捞的最大投资是用在员工身上的，平均一个门店的员工住宿费用一年就要花费50万元，随着房价和房租的攀升，这笔花费也在水涨船高。一位海底捞的在职员工表示，他们居住的宿舍都是正规住宅，有空调暖气，也有Wi-Fi覆盖，距离工作的地方步行也就20分钟，公司还雇用保洁为他们打扫宿舍卫生。

海底捞对顾客服务的逻辑简单明了：企业对员工好，员工就有干劲；员工对顾客好，顾客就能获得良好的体验；忠诚的顾客再次消费和口碑传播，让企业获得效益。

在传统商业观念中，零售是一个集脏活累活于一身，把辛苦和委屈当家常便饭的行业，工资待遇不高，谈不上工作尊严与职业认同，甚至有些超市还要求员工对顾客鞠躬问好。这样的情况在胖东来是不存在的，而且于东来很不喜欢这样的做法，他认为这是在剥夺员工的个人尊严，也是一种扭曲的行业"病态"，更是最终引起企业衰退的"病灶"。

乔氏超市的前任总裁道格·劳奇，曾经把团队成员和顾客誉为"一只鸟的两个翅膀"，鸟要飞起来需要两个翅膀，二者相辅相成。特别是在零售这样的服务业中，顾客与员工之间的关系是至关重要的，如果没有员工的优质服务，就不可能为顾客创造价值。

为什么胖东来的服务备受赞誉呢？原因就是，胖东来把员工和顾客当作"一体两翼"，摆在同等重要的位置！对胖东来而言，不只顾客是服务对象，员工更是胖东来的第一用户！

作为胖东来的领头人，于东来给予员工的优厚待遇无需赘

第四章
以员工满意度,提升顾客满意度

述,他对胖东来的定位是一所学校,要帮助员工培养阳光健全的人格,向社会传播先进的文化理念。所以,他格外关注员工的身心需求与个人成长。他坚信只有企业对员工好,员工才会对顾客好;只有让员工满意,员工才能让顾客感动;只有让员工幸福,员工才能让顾客幸福。

胖东来对员工和顾客好 01
胖东来没有上帝
员工和顾客是一体两翼

顾客对胖东来好 04
顾客对胖东来形成崇敬
胖东来获得良性的发展

胖东来四好路径

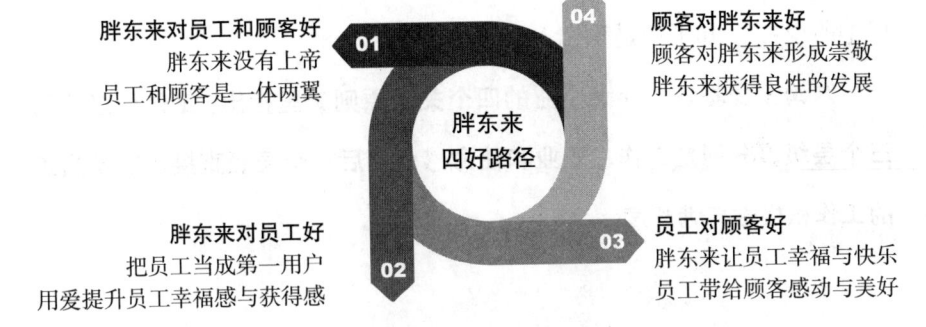

胖东来对员工好 02
把员工当成第一用户
用爱提升员工幸福感与获得感

员工对顾客好 03
胖东来让员工幸福与快乐
员工带给顾客感动与美好

图 4-1 胖东来"四好路径"

以员工用户促进顾客用户的留存、转化,让内生力代替外驱力,这便是胖东来的"四好路径"。事实也证明,如果企业照顾好员工,员工就会照顾好企业的顾客;当顾客更高兴、更享受购物时,也会让员工工作得更开心、生活得更幸福,让企业获得良性的发展,形成正向的循环。

把员工当成第一用户,这句话说起来很简单,可要真正地落实却不容易,甚至还有不少的企业管理者完全不知道该从哪个方向着力,去提升员工的满意度。

既然是要提升员工的满意度,答案自然还要到员工那里去寻找。

盖洛普公司曾经在 155 个国家和地区进行过人类幸福感的研究,所做的世界民意调查显示:幸福的主要决定因素不是财富,也不是健康,当财富超过一定程度时,幸福会趋于停滞状态,而绝大多数人在身体健康时都会认为健康是理所当然的。幸福的首要决定因素是一份好工作,即一份有意义且是和所在乎的一群人共同完成的工作!这也印证了弗洛伊德所说:"爱和工作是我们人性的基石。"

约翰·麦基在《伟大企业的四个关键原则》里指出:工作可以分为三个层级,分别是工作、职业和使命感,最后一个层级直接决定着员工的工作积极性与满意度。

把工作当成工作,是一种纯粹的交易,每周投入一定的时间来换取相应的回报,然后决定这笔交易是否划算?对工作没有情感上的连接,只是需要钱来维持生存,没有任何意义,脱离工作的时间才是自己的生活。

把工作当成职业,会紧紧抓住机会,所做的一切会确保比所在职位的最低要求高一点,并在公司的层级架构中不断攀升。但是,对工作依旧缺少情感的投入,也不重视任何物质以外的回报,有些事业心过盛者还可能会作出自私自利的行为,给同事或企业造成损害。

把工作当成使命,在获得物质回报以外,还能从中获得价值感与满足感,即使自己拥有财富自由,仍然会继续从事这份

第四章
以员工满意度，提升顾客满意度

工作。这是企业家该带领员工努力奔赴的目标，当员工发现自己的工作具有内在意义且乐在其中时，他们才会在工作中充满干劲，激发出主动性、想象力与热情。

美国知名商业思想家丹尼尔·平克在《驱动力》一书中，总结了近五十年来有关积极性、敬业度的社会科学研究成果，并提出了"驱动力3.0"的概念。他认为，未来每个人都需要将自己的驱动力系统升级到21世纪的新系统，新系统必需的核心不是"胡萝卜＋大棒"，而是自主、专精和目的。

01 驱动力1.0时代

生物冲动

每个人都需要空气、水、食物、睡眠、生理平衡，这些是人类基本的生物冲动，生理需求引导着大多数的行为。

02 驱动力2.0时代

寻赏避罚

人类形成了复杂的社会，在作出特定的行为时，环境会给予奖励或惩罚。人们学会了理性地对这些外在动机作出反应，从而让自身获益。

03 驱动力3.0时代

自主、专精、目的

人类具有发现新事物、接受挑战、学习探索的内在倾向，想要主导自己的人生，学习并创造新事物，拥有灵活自主的空间，继而实现自我价值。

图4-2 驱动力的演变

当前，大部分的企业仍然停驻在驱动力2.0时代，也就是沿用着传统的企业管理模式，试图依靠奖罚并存的外部驱动力，提高生产力和生产效率。然而，这种做法并不总是奏效。行为学家的研究发现：把金钱当作某种行为的外部奖励时，行为主体就失去了对这项活动的内在兴趣。

更糟糕的是，它降低了人们继续这项工作所需的长期积极性。

在这样的背景下，丹尼尔·平克提出了驱动力3.0的概念，其核心要素是自主、专精和目的，这也为企业管理者提升员工满意度提供了参考维度。

自主
- 工作内容自主（WHAT）
- 工作时间自主（WHEN）
- 工作方法自主（HOW）
- 工作团队自主（WHO）

驱动力3.0

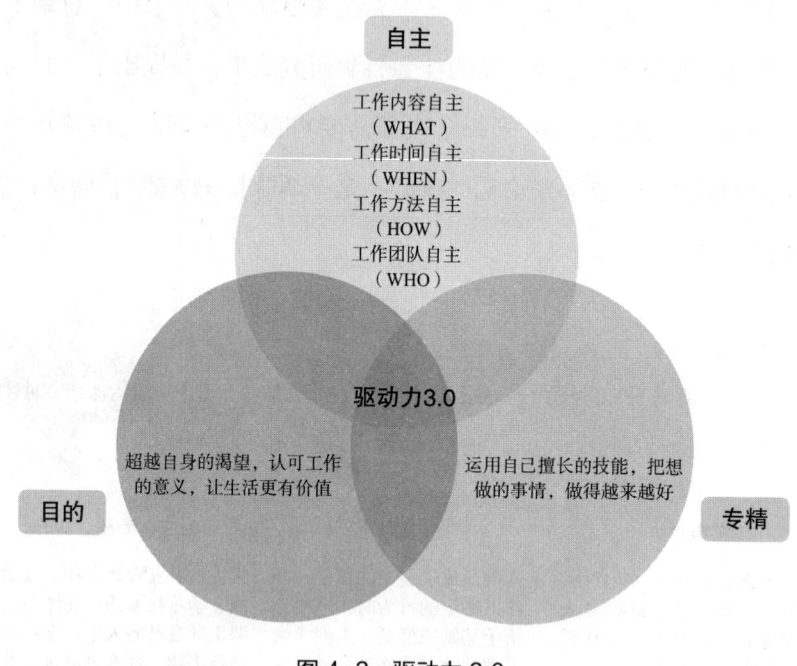

目的：超越自身的渴望，认可工作的意义，让生活更有价值

专精：运用自己擅长的技能，把想做的事情，做得越来越好

图 4-3　驱动力 3.0

1. 自主——"我的工作我做主"

在个人价值崛起的今天，人们的工作形式正在发生前所未有的变化，员工需要的是更加开放的空间和灵活的授权，倾向于在以下方面实现工作的自主：

第四章
以员工满意度，提升顾客满意度

○ 工作内容自主——WHAT 做什么？

○ 工作时间自主——WHEN 什么时间做？

○ 工作方法自主——HOW 怎样做？

○ 工作团队自主——WHO 和谁做？

2. 专精——"把想做的事情，做的越来越好"

专精强调的不是非要成为专家，而是强调投入的过程，把想做的事情做得越来越好。

如果你了解过"心流"体验，那么理解专精会更容易。人在心流状态中，会全身心地投入当下，感觉控制权完全在握，以至于对时间、地点，甚至自我感觉都消融散去。不少知名企业（如微软、丰田等）都已经意识到，有利于产生心流的环境可以促进员工实现专精，营造这样的环境并不容易，但绝对值得，它可以有效提高生产力和员工满意度。

3. 目的——"超越自身的渴望"

丹尼尔·平克指出，人类天生就是目的的寻找者，这是一项比他们自己更伟大、更长久的事业。如果一个人感觉不到自己属于更伟大更长久的事物，他就无法真正过上出色的生活。许多企业管理者在谈及目标时，经常会提到效率、价值、优势、焦点、差异等，这些目标很重要，但缺乏唤醒员工心灵的能力。

胖东来没有把自己定义为一个企业，而是把自己视为一所学校，它提倡的"爱·自由""成就阳光个性的生命"，都是为了向社会传递美好、传递先进的文化理念，让更多的人活出真实的自我、活得幸福。

未来的社会，外在的刺激难以有效地驱动人，反而会让人越来越无所适从。身为企业管理者，也当具备前瞻思维，认识到一个正在发生的事实：无论是个人还是组织，能够创造自发、专精和充满目的的工作环境，将成为个人或组织未来成功的关键，也只有具备良好自我驱动能力的个体与组织，才能够更好地进行持续学习与成长，并最终实现可持续的创新和增长。

胖东来没有上帝，不需要讨好顾客

19世纪，一个名叫马歇尔·菲尔德的美国商人创立了自己的公司——马歇尔百货。与其他百货公司不同，马歇尔·菲尔德发明了一套独特的销售理念，就是把顾客置于工作的中心的服务思路，并提出自己的顾客观——"顾客永远是对的"。

其实，以现在的经营理念来看，马歇尔的思路与"以用户为中心"如出一辙，似乎没什么稀奇之处。可是，看待问题不能脱离时代背景，19世纪的现代服务业并不发达，这样的营销方式自然大获成功，甚至被服务业视为一种全新的准则。

当时，零售行业一直奉行"顾客自慎"的原则，就是商品一经出售概不负责。马歇尔百货为了让顾客拥有舒适的购物体验，将这一原则改成了"无条件退货"，并在商店设置了板凳等便民设施和休息区，让那些在购物时犹豫不决或是过于疲劳的顾客有地方歇脚，以便补充精力后继续采购。实际上，这就是现代商超的雏形。

马歇尔说的"顾客永远是对的"，强调的是一种尽心尽力为顾客服务的思想，在处理与顾客的关系时，尽量站在顾客的立场上，想顾客之所想，急顾客之所急，虚心接受或听取顾客的意见和建议，对自己的产品或服务提出更高的要求，以便更好地满足顾客之需。

无奈的是，有些人对马歇尔的这句话进行了过度解读，甚至将其曲解为"顾客就是上帝"，无论在任何时间、任何地点、发生任何问题，错的一方永远都是商家。更令人费解的是，有些企业竟然也对员工提出了同样的要求。

网络上曾经报道过这样一条新闻：一名顾客在超市购物，负责接待的女服务员在工作过程中出现了一点失误，惹得顾客不满，开口对这名女服务员进行苛责谩骂。女服务员始终低着头，任由顾客羞辱，不敢多说一句话。片刻后，超市经理走了过来，没有询问事情的原委，上来就劈头盖脸地把女服务员骂了一通，逼着她向顾客道歉。

类似这种"顾客是上帝"的做法，早已远离了马歇尔提出"顾客永远是对的"的初衷。服务业出售的是服务，并非个人的尊严；服务业对顾客某些过分的举动表现出宽容与理解是出于职业守则与修养，但不意味着顾客的所有举动都是合理的；被标榜成"上帝"的顾客，在人格层面上并不比服务人员高贵。

尊重是相互的，任何交易的前提都要遵循法律和人格上相互尊重的准则，而不是打着"顾客是上帝"的幌子，在服务人员面前凸显"扭曲"的优越感。在这一点上，胖东来给予了员工足够的尊严与自信，从未把

第四章
以员工满意度，提升顾客满意度

员工当仆人，而是将他们和顾客都视为"家人"。

于东来直言，讨好顾客是不道德的。他倡导用对等意识以专业性和匠人精神来拿捏服务分寸，无需用仰视的方式来"伺候"顾客。所以，胖东来的收银员是可以坐着收银的，保安室里有空调、床、独立卫浴，连生活用品都一应俱全，这样的情景在其他商超里是很难见到的。于东来十分清楚，只有让员工感到满意，他们才能没有委屈地持续向外输出善意，才能把无微不至的爱源源不断地传递给顾客。

所以，胖东来打破了"把顾客当上帝"的理念，也建立了相对应的规则来制止不文明的行为，比如：夏天进入商场的顾客，不得裸露上半身；不准用洗手池洗头或洗脚；不得占用餐饮座位打牌、打游戏；不准随地乱扔垃圾、随地吐痰……类似的规定约有30条，直接张贴在商场内，让所有人都知晓胖东来对顾客是有"要求"的，不会因为顾客是来"送钱"的，就无视秩序和规则，任其妄为。

将"不文明行为"进行公示是为了明确规则，框定所有人的行动边界。无论是员工还是顾客，不遵守规则就要付出"代价"，这是对遵守规则者的保护和尊重。如果允许了某一个人肆意妄为，势必会有越来越多的人不守规则，这会让胖东来的整体环境变得越来越差。

有些场所明文规定不可以吸烟，特别是餐厅，可是经常会有顾客不管不顾,像在家一样随意。服务人员或老板目睹这一幕后,内心总是很纠结:直接让顾客把烟灭了,担心对方不高兴,为此吵嚷起来,今后不再光顾;装作没看见的话,周围那些不吸烟的顾客也是一脸的反感,似乎怎么做都不太合适。

如果这样的情况发生在胖东来,处理方式很简单,就是让顾客把烟灭了,告知对方商场内不允许抽烟。倘若顾客非要抽烟,就会不客气地请他出去。要是顾客不满意,直接跟员工吵嚷起来,员工完全不必担心自己会丢了工作,因为胖东来有一条明文规定:因制止不文明行为跟顾客起冲突,公司不接受顾客投诉,员工获得 500 元补偿金。

这就是胖东来的制度给予员工的底气和自信,也是胖东来给予员工的尊重和关爱。胖东来对不文明行为的制止,实际上是对顾客的一种筛选,过滤掉的是那些没有规则意识的人,换来的是更多的优质顾客,和一个干净、文明、卫生的购物环境。那些对生活有要求、对环境比较在意的顾客,追求的是优质的商品,不是爱贪小便宜之人,这样又进一步优化了企业的客户结构,可谓是一举两得。

无论从事什么样的职业,每个人内心都向往平等,也有被尊重的需求。胖东来的员工满意度高,正是因为于东来把员工当人看,把平等的理念贯穿在企业的每一个地方。他所践行的服务理念,是追求服务质量的完美,而不是低眉顺眼的迁就。

从一般意义上讲,顾客身为一个自然人,他的行为不可能永远是对的。所以,要正确理解"顾客永远是对的"这一理念,我们要明确一个前提条件:顾客的行为必须是符合法律、法规和社会道德的行为,任何

第四章
以员工满意度，提升顾客满意度

人都不可以违背这些行为规范。

作为企业管理者，不要忽视"顾客永远是对的"蕴含的真正含义，也不要让"顾客是上帝"成为别有用心者的砝码，更不要用扭曲的、病态的理念去束缚一线的员工，让他们失去尊严，让服务工作人员成为随意供人驱使和鞭策的仆人。顾客走进门，我们要以热情、真诚的态度去接待；对于那些无理取闹、试图破坏规则的顾客，也当予以制止和拒绝，这是对企业员工的尊重，对守规则的优质顾客的保护，也是对企业规则意识的强化。

只有分工不同,没有高低贵贱之分

亚当·斯密的《国富论》一开篇就讲到了分工的问题,指出国民财富积累最重要的原因是劳动生产率的提高,而劳动生产率的最大提高就来自于分工。我们借助一个非常生活化的例子,来简单诠释一下亚当·斯密的观点。

过去,椅子是怎么生产的?

一个人先把木头劈开、推好、装好,刷上油漆,全面检验一下,确定没有问题,椅子就做好了。这个制作椅子的人,被称为"木匠"。

现在,椅子是怎么生产的?

分工合作,有人负责劈,有人负责推,有人负责装,还有人负责检验。

"复制"木匠是很难的,因为匠人的手艺都是日积月累磨出来的,不可能一两天就掌握精髓。然而,复制生产椅子的工序,相对就简单多了。专业化分工,流水线作业,既节省时间,又

第四章
以员工满意度，提升顾客满意度

大大提高了生产效率，一旦有了工序之后，还可以复制更多的团队。

从经济学的角度来看，职业的不同是社会分工的不同，只有让"最合适的人"完成对应的工作，才能实现社会效益最大化。如果一个人能在销售岗位上创造更大的效益，就不要让他去做行政或保洁；如果一个人更擅长项目管理，就不要让他去策划文案。

从社会构建的角度来看，从事不同职业的人，只是各自扮演的社会角色存在差别，但彼此之间是互补、互惠、互利的关系，缺一不可。从人格的角度来看，每个人都是完整意义上的独立个体，拥有被尊重、被平等对待的权利，没有高低贵贱之分。

了解分工的价值和意义，客观看待不同的职业，有助于个体员工树立正确的职业观与平和心态。很多人总渴望成为企业中受人瞩目的佼佼者，就像棋局中的车、马、炮、将、相一样，不甘心做不起眼的小兵小卒。偶尔，还会因为自己岗位的普通、作用的微小，自感卑微，烦恼沮丧，失去对工作和事业的进取心，任由自己在平庸中沦陷。

殊不知，企业如同一盘棋，每个岗位都是必不可少的棋子，没有高低贵贱之分。稻盛和夫用了 51 年的实践做出了一道题：每一个业务岗位上都是一个稻盛和夫，在那儿负责任地发现问题、做出判断和解决问题。知名管理咨询专家蒙迪·斯泰尔在给《洛杉矶时报》撰写的专栏中，曾经发表过这样一段感悟——

"每个人都被赋予了工作的权利,一个人对待工作的态度决定了这个人对待生命的态度。工作是人的天职,是人类共同拥有和崇尚的一种精神。当生活中的我们把工作当成一项使命的时候,就可以从中学到很多知识,积累很多经验,就可以从全身心投入工作的过程中寻找到与众不同的快乐,实现人生的价值。这样的工作态度也许不会有立竿见影的效果,但是能够肯定的是,当'轻视工作'成为一种习惯的时候,最终的结果非常明确。工作上的日渐平庸,表面上损失的是一些金钱或者是时间,更严重的,可能会给你的一生留下无法挽回的遗憾。"

当然了,仅仅让员工认识到职业的不同与社会分工有关,并不能够让他们安心地做好本职工作,更无法充分调动自身的积极性与创造力。因为他们在工作过程中的真实感受,也直接影响着他们对工作的态度及实际行动。

那么,又是什么决定着员工的工作感受呢?就是企业及其管理者有没有给予所有员工一视同仁的尊重,有没有用合理的制度去印证"只有分工不同,没有高低贵贱之分"。

IBM公司深谙尊重员工"人格平等"的重要性,它的企业文化中有一个很重要的内容就是"尊重个人",公司领导认为,如果员工在公司得不到尊重,就不可能赢得员工对公司管理理念的认可和对公司的尊重。IBM公司正是在"尊重个人"的企

第四章
以员工满意度，提升顾客满意度

业文化指导下，才出现了其乐融融的团队景象，使得企业在和谐的基础上健康快速发展。

美国通用电气公司前CEO杰克·韦尔奇，虽然身居高位，却并没有认为自己高人一等，他甚至不喜欢员工称呼他老总。在他执掌下的通用公司里，从上到下都直呼其名，相互之间关系融洽、亲切。

人与人之间贵在尊重，员工的人格得到了尊重，必然会激起他们的感激之情以及奋发向上的斗志。在平等的工作环境下，每个人必定有一个好的心情，团队也会因此变得融洽，团队工作效率自然也会得到大的提高。

许多人之所以会对职业和岗位产生高低贵贱的念头，一是因为未能得到应有的尊重，二是对职业所获得的价值与回报不满意，也就是对职业收入不满。胖东来虽不是世界500强企业，但在尊重员工的问题上，它的做法与世界的知名企业一样值得赞誉。

在薪资待遇的问题上，于东来一直强调，员工工资总体要体现公平与信任，有了公平和信任，企业与员工之间才能相互合作、相互成就。现在，许昌的居民月平均工资在3500元左右，当地的一般超市服务员月工资是3000元~3500元，而胖东来一个保洁员的基本工资则是4800元，卫生间的保洁员工资更高一些，多了岗位补贴，合计工资5800元。

胖东来在制定员工薪资时，抛开了学历和工龄工资的因素，重点看员工的个人能力，根据能力、创造价值的大小，公平合理地发放工资。在多数人的印象里，卖场保洁员的工资应该比普通服务员低，可在胖东来并不是这样，保洁员的工资与普通员工以及播音员的工资是一样的。在胖东来，只有岗位角色的不同，没有高低贵贱之分。于东来说："公平不是平均，是根据能力和创造的价值分配收入。"每个人按照所做之事的价值获得相应的回报，这是胖东来给予员工的人格尊重与价值认可。

对于特别重要的岗位，胖东来给员工的工资也相对高一些，比如：胖东来在给采购岗位制定薪资目标时，将普通采购人员的年收入设置在30万元~50万元以上；对于具备专业技能的卖场经营一线员工（如分割师等），也会给予合理的岗位补贴；物流中心的司机等岗位，也有相应的补助。胖东来强调，补助必须要第一时间增加到位，让员工切实地感受到公司的诚意。

胖东来给予员工的关爱不是口头上的空话，而是设身处地地站在员工的立场思考他们的需求和感受。比如，收银员、保安和特殊区域的员工，在不忙的时候可以坐下来休息；收银台的员工在不忙的时候，也可以看手机、听音乐、看书；保洁人员每工作一个小时，可休息十分钟。

于东来受邀给其他企业做指导时，特别强调了一个观点：在体制调整时，不要有"员工年纪大了，马上换人"的想法，要想办法用特定的方式，激发员工的热情，成就员工。无论员

第四章
以员工满意度，提升顾客满意度

工的年龄多大，无论是保洁人员还是防损人员，各岗位、各年龄层的员工都要公平对待。

一个拥有社会责任感、重视价值与创造的企业，必定有它的崇高目标，也正是这一目标赋予了它对社会的意义。许多企业管理者总是抱怨员工难管、流失率高，却从未反思企业内部的管理是否存在问题，是否给予员工应有的关注与尊重。

每一份职业都值得尊重，每一个普通劳动者都渴望得到他人的平视，每个人都渴望活得更加体面、更有尊严。一个不懂得尊重员工的企业是很难走远的，因为你无法让员工在集体中找到归属感与认同感，企业无法成为他实现人生价值与意义的平台。所以，想带出一支优秀的团队，就要创造出一个相互尊重、理解、轻松和谐的工作环境。

尊重，是一种微妙的平衡。在人格层面，要做到一视同仁，无论是高层管理者还是基层员工，都要给予足够的尊重，而不是戴着有色眼镜区别对待；在工作层面，要给予员工公平合理的薪资待遇，让员工感觉自己的付出得到了相对应的回报，看到努力的意义和希望。

以员工需求为核心,提供贴心的福利

心理咨询室里经常会上演这样的情景:

一个青春期的孩子,总是我行我素,说什么都听不进去,甚至做出过激的行为。父母很苦恼,向心理专家求助。当心理专家问道:"这个孩子早年是你们亲自抚养的吗?"父母表示很愧疚,早年忙于工作,把孩子丢在老家,让老人帮忙照看,自己没有参与孩子的成长过程,待孩子长到十几岁才接到身边生活。

针对这一现象,心理专家曾经解释说,这些父母错过了孩子心理教育的最佳时点。父母在孩子生命初期的付出与陪伴,不仅仅是心力和体力上的付出,在这个过程中积累下来的,还有对孩子的心理影响力和心理控制力。

心理抚养的第一步是情感抚养,人与人之间,之所以距离远,是因为心远;之所以距离近,是因为心近。这一点,不仅适用于亲子教育,

第四章

以员工满意度，提升顾客满意度

也适用于企业和团队的管理。

人心是最神秘莫测的世界，想要开启这扇紧闭的大门不容易。领导者与下属之间不是主仆式的关系，谁也不能简单、粗暴地使唤别人。但是，我们不能忽视真诚的力量，人在做出某项决定的时候，并非依靠着理性的思维，多半是依赖感性的直觉。换句话说，感情可以帮助我们突破难关，也能够让反对者变成拥护者，因为温暖和爱是可以流动的，是会感染到周围人的。作为企业的管理者，想要让自己的意图、决策被员工心甘情愿地付诸实践，最重要的一个决定因素就是——给予员工的关爱程度。

胖东来给予员工的关爱是有目共睹的，除了充满竞争力的工资与奖金、舒适惬意的员工之家、规则之下的自主与自由以外，细致入微的、面向全体员工的优厚福利，也是吸引人才、增强员工满意度与幸福感的一个重要因素。胖东来的福利是呈现其经营理念的形式之一，从物质到精神，由表及里，每一项都是入心的。在此，我们选取其中的一部分作为展示。[①]

○福利1：面试礼物

每一位参加胖东来面试的应聘者都可以获得一份礼物。

○福利2：节假日福利

逢年过节，胖东来都会给员工发放福利，这些福利需要开

---

① 详见《为何胖东来的员工如此敬业？30项福利，让员工和企业同频共振》，鸣途网，2022年10月22日，节选内容有改动和补充。

车或用三轮车才能带回去。一万多名员工，一万多个家庭，这份福利的辐射力度可见一斑。

○福利3：东来分享

在胖东来App和胖东来官方网站，员工可以第一时间浏览于东来分享的所见、所闻、所思、所感，每一位员工都可以和"东来哥"进行交流互动。

○福利4：员工微电影

胖东来文化影视中心是一个"特别的存在"，它将胖东来平凡岗位上的人和事拍成微电影，让普通的员工成为电影的主角，呈现人性中美好的一面，也让不同的人释放出鲜活个性的生命状态，影片的名字也都很有特色，如《予人玫瑰，手有余香》《少有人走的路》《当事业与爱好相遇》《超市女管家》等。

○福利5：学习深造的机会

每个人都有梦想，每一个梦想都值得尊重。胖东来这所学校，乐于给予员工时间和物质上的支持，为他们提供了实现梦想的机会。

胖东来珠宝部的桓垒成，最初是胖东来的一名保安，2003年入职时，他已经27岁了，对自己的人生没有清晰的规划。直到2009年，内敛沉稳的他被胖东来珠宝部选中，委派到武汉地质大学珠宝学院学习。凭借着勤奋与爱钻研的劲头，他先后通过了宝石学、钻石分级学和GIC珠宝鉴定资格证书三次考试，最终成为一名国家级珠宝鉴定师。于东来常说："真心成就他人，

第四章
以员工满意度，提升顾客满意度

结果一定是美好的。"桓垒成的职业成长路径就是这句话最好的例证。

○福利 6：发明创造奖

胖东来餐饮处的桌子上，摆放着一个有特色的餐巾盒，上面印着"一冉创意"。"一冉"不是某个企业的名字，而是胖东来的一位员工。这位员工观察到，在窗口给大家发纸巾的方法不科学，有的顾客用不完，有的顾客不够用，建议把纸巾盒放在餐桌上，让顾客按需自取。

胖东来支持鼓励员工创新，也给员工足够的空间开放自己的思维，并设立了发明创造奖。所以，不同岗位的员工都会想办法把服务做到更好，比如：超市部门的员工发明了高效的理货尺，水果科的员工按照水果甜度标注1、2、3、4，建议顾客按顺序食用，口感会更好。

○福利 7：室外岗亭

每一个室外岗亭都有靠椅、空调，确保工作人员冬暖夏凉。夏季炎热，执勤员工可以享受不限量供应的冰镇饮料、解暑的绿豆汤；秋季干燥，给员工准备润燥的菊花茶、梨子水等；冬季寒冷，也有热水和暖饮料提供。

○福利 8：贺金、慰问金

员工结婚，根据工作年限，连续工作6年的员工，可以领取3000元的礼金。

工作满3年以上的员工，第一个孩子出生，可以领取1000

元的礼金。

工作满 3 年以上的员工，父母去世，可以领取 1000 元的丧事慰问金。

所有员工节假日都可以领取福利，情人节 400 元，中秋节 800 元，元旦 1000 元。

（上述的前三条福利中，不满规定年限的员工，也有与之对应的领取金额标准。）

○福利 9：休假制度

从 2011 年实行至今，每到过年，员工都有 5 天的时间回归自我、回归家庭。

国家规定的《职工带薪年休假条例》标准，工作满 1 年不满 10 年的员工，年休假为 5 天；胖东来规定，所有入职满 1 年的员工，均可享受 30 天带薪年假。

国家规定的产假是 3 个月，胖东来规定女员工可享受 98 天 + 3 个月的产假。怀孕期间不幸流产，可享受流产假；怀孕满 4 个月流产，可享受 42 天的流产假。

员工罹患重大疾病，可享受病休。工作年限满 5 年的员工，可累计病休 6 个月；工作年限满 20 年的员工，累计病休可达 30 个月。

零售业是一个劳动密集型的行业，员工每天都要跟顾客打交道。在很多人的刻板印象中，从事零售工作的服务人员文化水平低、流动性高、

第四章
以员工满意度，提升顾客满意度

管理难度大，需要用严苛的制度、高压的方式来管理。可是，这些问题在胖东来并不存在。拿着高薪资、享受优厚福利的员工，发自内心地想要把服务做好，脸上的笑不是硬装出来的，而是从心里溢出来的。

胖东来不是唯一一个给予员工福利的企业，但它绝对是一个把福利送到员工心坎里的企业。现实中有不少企业在福利制度方面面临着尴尬的局面：为了福利项目投入了不少人力和财力，福利礼品千挑万选，预算也超出了一大截，结果却还是饱受员工吐槽。

关爱通研究院《2022年企业福利现状和趋势白皮书》调查研究显示：仅有56.4%的企业认为员工对企业福利感到满意，且其中大部分企业仅表示"基本满意"；剩余四成多企业均表示感受平平或不满意。

那么，企业究竟该怎么做才能提高员工的福利满意度呢？胖东来为员工提供的福利项目，有哪些地方值得学习和借鉴呢？

1．提供员工所重视的福利

福利犹如一份礼物，送人礼物的原则是投其所好，给员工提供福利亦如是。

企业要深入了解员工对各项福利的重视程度，如果员工高度重视安全、生活保障等基本福利，企业就要在这方面满足员工所需；如果企业高度重视自己的职业发展规划，企业就要为员工提供学习、成长与晋升的机会。只有提供员工所重视的福利项目，才能让员工相信，企业是真心实意地关心他们的感受和利益。

2. 提高员工感知的公平性

在福利管理工作中,管理者要坚持公平原则,设身处地地为员工着想,对所有员工一视同仁,在不同时间、不同场合始终采取相同的决策程序,认真考虑员工的意见和要求,及时向员工反馈信息,允许员工对决策提出异议,纠正错误决策。这些做法可以表明管理者对员工的尊重和关心,提高员工感知的公平性,增强员工的满意度。

3. 协助员工更好地使用福利

许多员工不了解企业具体提供了哪些福利,也不知道每一项福利具体该怎么使用。胖东来的做法很值得提倡,向员工提供充分的信息,让所有员工知晓自己可以享受的各项福利,并安排专职福利管理人员,协助员工更好地使用企业提供的福利。

4. 给予员工参与福利管理的机会

在制定和实施福利制度的过程中,企业可以采用内部调查、专题座谈会等方式,广泛听取员工的意见,了解员工对福利制度的看法,根据员工的需求来确定福利,这样可以显著地增强员工的福利满意度。

总之,福利不能沦为虚设的幌子,要从心出发,以爱为起点,给予员工真正需要的东西。

痛斥"加班文化",不剥夺员工的时间

打开网络浏览器,搜索有关"工作心态"方面的内容,经常会看到这样的一些观点:"如何看出一个人是否对工作充满热情?看他对待加班的态度。如果他能够心平气和、爽快地接受加班,并在加班时保持积极振奋的样子,那他必然是热爱这份工作的;如果他怨声载道,一边加班一边偷懒,那他多半只想凑合干着、混日子拿工资而已。"

当然了,这样的观点并非全无道理。偶尔,工作中会出现一些意料之外的状况,需要紧急处理,避免扩大事态,造成严重损失,这种加班是合理的,也是必要的。但是,如果是长期性的、习惯性的加班,就另当别论了。

对于这种加班,一则要思考是不是自己的工作方法、工作效率存在问题,二则要思考是不是所处的行业或企业存在病态的、畸形的"加班文化"?

《中华人民共和国劳动法》(2018年修正)第四章"工作时间和休息休假"第三十六条规定,国家实行劳动者每日工作时间不超过8小时、平均每周工作时间不超过44小时的工时制度;第四十一条规定,因特殊

原因需要延长工作时间的，在保障劳动者身体健康的条件下延长工作时间每日不得超过3小时，但是每月不得超过36小时。

法律法规写得明明白白，可在现实中，有些企业却总是通过隐蔽的方式迫使员工加班，比如：临近下班时布置一些紧急任务，虽未明说要员工加班，却要求员工尽快反馈结果；或是让员工以值班名义在休息日加班；还有些企业利用"加班文化"给员工"灌鸡汤"，把加班与工作态度、敬业精神联系在一起，甚至把加班作为绩效考核的指标。面对企业无休止的、习惯性的加班要求，多数员工内心都是不情愿的，只是敢怒不敢言，只能"被自愿"接受。

当这些企业想尽办法压榨员工时，被誉为"商业奇葩"的胖东来以一股清流的姿态与之形成了鲜明的对比。在2023年中国超市总裁峰会上，于东来发表了一番"反加班"的言论，赢得众多网友和商界人士的赞叹，他说："在胖东来，加班就是不行。加班是在剥夺别人的时间，占用他人的成长机会，这是不道德的！"

胖东来的生命守则，是希望员工成为更好的自己，拥有健全的人格，活出自由与快乐。胖东来从不给员工"画饼"，也不去渲染虚无的"乌托邦"，向来秉持"知行合一"的作风，透过员工的日常工作与休假时间，就可以见证这一点。

在胖东来的官网上，可以清楚地看到它的休假福利：[1]

---

[1] 详见《于东来痛批"加班文化"：是对人格的剥削》，联商网，2023年4月6日，有改动。

第四章
以员工满意度，提升顾客满意度

1. 周二闭店：52 天 / 年

由于工作性质的缘故，商超等零售从业人员休假时间较少，即使在轮休期间也很难做到安心休息。胖东来为了让员工可以全身心地享受假期，从 2012 年 3 月 2 日起，所有门店实行每周二闭店的制度，通过暂停门店运营的方式，强制员工放假，以更饱满的状态迎接后续的工作。

2. 春节闭店：5 天

自 2012 年起，胖东来就开始实行春节闭店，每年固定在除夕至初四放假，全体员工都可以休至少 5 天的年假。

3. 带薪年休假：30 天

2013 年初，胖东来将原本全体员工每年 12 天带薪年休假福利政策增加至 30 天，可结合部门合理规划休假时间安排。2021 年 3 月 12 日，公司又提出超市部全体员工再增加 10 天年休假，每年处助以上管理层至少有一次 20 天以上走出河南的旅游，去寻找工作以外更美好的生活。

4. 日工作时间：6~7 小时 / 日

目前，胖东来员工的工作时间为每天 6~7 小时。

在于东来看来，加班是对他人时间的占用，是对他人人格的剥削。高薪下的"996"不能体现对员工真正的爱，尊重员工就不会让员工那么辛苦。所以，他坚决杜绝"加班文化"，也不允许员工主动加班，如果谁违反了规定，还要面临罚款。这样做的目的就是避免"加班内卷"，这种行为违背了胖东来的文化理念，它是一种不高尚的道德绑架。胖东来要的是让别人从"胖东来人"身上看到更加快乐的生活方式，带动他人走向美好。

"我们想幸福，所以就奔着这个目标。有的人说胖东来周二关门是为了给同行留饭吃。不是，我们是想快乐，我们关门就是为了让自己过得更幸福。我们是为了向更好的企业学习，让自己的生命变得更加美丽，更有意义。"于东来认为，人生不只有挣钱，还有娱乐和享受，真正践行这一理念，就要从日常生活做起。

为了竞争和规模不断地压榨员工，是一种病态的发展模式，也是一种很难长久的无效之举。

大量的事实研究表明：当一个人的工作时间超过 8 小时后，其工作效能会呈现递减的趋势。对多数员工来说，到了下午和晚上，身体和头脑都会感到疲惫，这个时候从事专注性工作，会显得力不从心；不仅耗费时间多，工作质量也难以保障。

从效率和质量上讲，加班无法实现弥补的作用，如果因加班牺牲正常的睡眠时间，还会有损健康，甚至危及生命。另外，熬夜加班还会透支第二天的专注力，对次日的工作产生负面的影响。有一项针对人们睡眠时间与大脑机能关系的研究：研究员以每天睡眠 8 小时为基准，分别对比了每天睡 8 小时、6 小时和 4 小时的人的脑机能。结果显示：连续 14 天每天只睡 6 小时或 4 小时的人，脑机能逐日下

第四章
以员工满意度，提升顾客满意度

降。就算每天睡 6 小时，人的认知能力也会下降。另外的一项研究表明：为了维持白天头脑清醒的状态，人每天需要 7~9 小时的高质量睡眠。

有效的工作，是充分利用上班时间，实现效能最大化。如果员工已经产生了生理性疲惫和心理性的抗拒，被迫加班只会沦为走形式、摆阵势、做样子，没有任何实质意义，反而会打击员工的工作热情和积极性，降低员工的满意度。

无论是从生物科学的角度来看，还是从人性化管理的角度来看，胖东来坚决杜绝加班的做法都是科学的、理性的。胖东来把自己定位成学校的意义，就是希望它的所作所为可以给更多的企业带来启发，通过身体力行改变当前的商业环境。于东来痛斥"加班文化"的态度，也凸显了一个企业管理者的价值观与人文素养，正因为他一直关注员工的状态，正视和尊重员工的需求，才有了今天令人啧啧称赞、令员工真心热爱的胖东来。

尊重顾客有底线，不贬低员工的尊严

在胖东来的服务宗旨中，所有的出发点都是人，所有的落脚点也是人。

胖东来构建了一个美好的"商业理想国"，它奉行的第一条准则就是"以人为本，传播爱与美好"。这里所说的"人"，不仅仅是指钟爱胖东来的顾客，还有为顾客提供服务的胖东来员工，以及商超周边的环卫工人和外卖员。

胖东来为顾客提供的服务在零售圈里是出了名的：商超门口设置了带有凉棚和饮水机的宠物临时存放处；为路过的环卫工人设置了爱心驿站，24小时提供温水和开水；商超内配置免费电竞区、母婴区，就连婴儿用的湿巾都是恒温的。可以说，顾客需要的，胖东来都想到了；顾客没想到的，胖东来也想到了。无数的细节都传递出了胖东来的用心，也正是这些细致入微的感动，让胖东来赢得了良好的口碑与顾客忠诚度，以及名副其实的"好人红利"。

胖东来爱顾客，但这份爱不是无原则的，它也有不可触碰的底线。

第四章
以员工满意度，提升顾客满意度

2023年6月25日，胖东来超市部发布了一份关于"顾客与员工发生争执事件"的调查报告[①]，客观理性、实事求是地还原了6月20日早晨发布在抖音平台"头一次见吵胖东来的人"视频中的事件，并公布了胖东来对该事件的具体处理经过和结果。同时，这份调查报告在首页还附加了温馨提示，希望广大市民和网友不要误解或片面地发表指责当事人的观点，倡导人与人之间多一点尊重、理解和友善，避免对当事人造成困扰和伤害。

6月20日早上，超市部客服负责人在抖音上看到了一则"头一次见吵胖东来的人"的视频，视频内容显示：在时代广场超市的称重台，顾客全程大声呵斥一名男员工，言辞激烈，且包含伤害的语言，手部还有直指的动作。期间，员工有过简短的话语回复，后被值班班长劝阻，而后低头没有说话，旁边有几名其他员工进行劝阻。

事件发生后，胖东来立刻成立调查组，分别在6月20日和6月24日进行了两次细致的调查。课长负责调取监控录像，店长和客服负责人单独与涉事员工沟通，安抚情绪，由员工陈述事件经过。之后，结合员工的陈述以及调取的监控进行核对，详细地还原了当时的情形，并在调查报告中进行了详细的

[①] 详见《尊重顾客不是以贬低员工为代价！胖东来8页调查报告的启示》，联商网，来源"职业餐饮网"，2023年7月6日。文中引用部分内容，略有改动。

描述。

　　大致的情况是，顾客拿着自己提前自行挑选的商品，要求员工对其进行折价，员工告知自行挑选的商品不做折价，要到称重台自行称重。当时，有多位顾客对未称重的商品进行哄抢，员工无法正常称重，故而提醒并制止，但未起到作用。为了维持秩序、确保安全，员工只好先暂停称重，等待客流减少。离开称重区域后，员工意识到离开是不对的，便向部门主管上报，寻求解决方法。随后，员工回到称重区域，前后间隔6分钟。顾客不理解，看到员工返回后，要求员工必须将其挑选的商品按照折扣价称重，员工解释这类商品不符合折价标准，导致顾客情绪激动，接下来就出现了视频中的那一幕。

　　碰到这样的"危机事件"，企业都会想办法尽快消除负面影响、平息舆论。然而，在处理危机的过程中，"翻车事件"也是屡见不鲜，那种流于形式的道歉、让员工背锅的做法，里里外外都透着"走过场"。反观胖东来对于"视频争吵事件"的处理态度和做法，真可谓是教科书级别的危机公关典范，展示了客观公正、不偏不倚、勇于承担、奖罚分明。

　　胖东来秉持公开、透明的态度，对两次调查结果进行公示，并总结出差异：

　　第一次调查结果，顾客与员工发生争执的起因，错误主体

第四章
以员工满意度，提升顾客满意度

在于顾客。调查结果认定的是，顾客存在贪小便宜的心理，发火的主因是想把正价商品打成折扣商品，却遭到了员工的拒绝。员工擅自离开岗位是不对的，但坚持标准和正义的行为是值得肯定的。

第二次调查结果，顾客与员工发生争执的起因是，员工在折价期间自行离开，导致顾客长时间等待，引起顾客不满。但是，也不排除顾客在此前可能有少许心理情绪，因为顾客自行挑选的商品到折价区称重，员工没有答应，提醒顾客要正常称重。随后，顾客将自行挑选的商品放到了员工的折价黄筐内。但是，不存在员工返回岗位后，顾客再次要求必须折价的情况。

经过细致的调查总结之后，胖东来针对"视频争吵事件"的问题进行了分析和整改，并将处理结果进行了客观、公正、如实地公示。

1. 对员工的处理

依据现有胖东来《服务管理制度》日常服务违纪第22条：未按照岗位服务流程标准为顾客服务，一年内第一次违反，对当事员工降学习期一个月。

2. 对员工的奖励

虽然事件起因是员工服务违纪，但是顾客权益受损或不满可以通过投诉渠道进行反馈，不能现场对员工呵斥指责，这是伤害人格和尊严的行为。当事员工在工作期间受到顾客的呵斥指责，被发至网络，造成了心理负担和伤害，为此给予员工5000元的精神补偿。

3. 对现场劝解员工的奖励

在场当班员工主动上前劝解安抚顾客，勇于承担责任，积极解决问题，进行通报表扬并给予奖励价值500元礼品。

4. 对顾客的处理

因员工服务存在问题导致顾客不满，带来不好的体验，按照胖东来《客诉处理标准》应对顾客发放500元服务投诉奖。争吵视频被发至网络后，被熟人朋友看到纷纷询问，也给顾客带来了困扰。为此，客服负责人与门店店长携带礼品上门，真诚地向顾客道歉，并就顾客现场呵斥指责员工的行为敞开心扉地进行了沟通，顾客认识到了自身行为有不妥之处，让店长和客服人员代为传达对当事员工的歉意。最后，顾客非常坚决地拒绝了500元投诉奖。

为什么胖东来没有因为"视频争吵事件"翻车？或许，答案用四个字来概括：知行合一。

顾客与员工发生了矛盾冲突，没有把所有责任归咎于员工，实事求是地面对问题，客观公正地解决问题，这是在践行"胖东来没有上帝，员工和顾客都是用户"的理念。

第四章
以员工满意度，提升顾客满意度

员工违反服务纪律，按照管理制度予以相应的处罚；员工在工作期间受到顾客呵斥指责，给其身心带来了伤害，故而给予员工5000元的精神补偿，这是在践行"惩恶扬善"的理念。

顾客在购物期间产生了不愉快的体验，胖东来安排管理层人员携带礼物上门，向顾客表达歉意，这是在践行"爱顾客"的理念。

安抚顾客情绪的同时，也与其进行了诚挚的沟通，引导顾客用合理的方式处理矛盾，倡导人与人之间要多一点尊重、友善、和谐，这是在践行"爱社会""传递美好"的理念。

其实，纵观胖东来"视频争吵事件"的危机公关，它也是在践行"胖东来是一所学校"的理念，让更多的企业见证了"以人为本"，让更多的企业管理者认识到员工与客户之间不是对立的关系，两者的利益是一致的；企业在进行人性化管理时，一定不能忽视对员工人格的尊重，只有让员工感受到自己和客户的地位是平等的，才能激发人与人之间的善意。

或许人们的一切问题，都是思维方式与自然运行方式之间的差距

第五章

回归商业本质,聚焦价值创造
——胖东来的"五个聚焦"

聚焦本质：一切出于人，一切为了人

英国哲学家霍金斯经说："如果哲学家不能成为管理者，那么管理者必须成为哲学家。"

有些朋友可能不太理解，我们谈的是商业领域的话题，分享的是零售企业的经营理念，怎么跟哲学扯上了关系？读起来晦涩难懂的哲学，到底有什么用呢？

的确，哲学本身无法提供某种知识和技能，但它提供给我们的是对世界的整体性思考。有一项调查显示，美国100强CEO的书柜中，超过90%的书籍都与经济基本无关。这样的结果公布出来后，不少人都感到意外。在大家的意识中，企业家应该对经济、管理、财务方面的内容最感兴趣，也最需要这方面的知识。可事实并非如此。国内某公司也做过相应的调查，发现中国的企业家也越来越不喜欢看企业管理的书，而是更倾向于看心理类和哲学类的著作。

于东来在公开讲话中，多次提到过他喜欢阅读哲学类的书籍。实际上，胖东来的文化理念、经营方式、极致服务，正是于东来将哲学性思考落实到自己的生命中，并内化成德行与智慧的一种外在体现。国际投

第五章
回归商业本质，聚焦价值创造

资大师罗杰斯说："人应当阅读两种书籍，一种是哲学，一种是文学。只有从这两种书里，我们才能够真切地感受到人性是什么。"

时代的发展、环境的改变、思维的转换，是任何人都无法阻止的更迭。近年来，纷繁复杂的新业态、新模式不断冒出，让许多线下零售企业的经营者不由得开始发慌，在心里涌起一个又一个问号：消费者的消费习惯愈发碎片化，是否要主动去满足顾客碎片化的生活需要？通过数字化工具来改善零售的效率，是不是可以提升用户的体验？大而全的企业是不是没有活路了，未来要走小而美的路线？

面对激烈的市场竞争，以及电商的高渗透率，这些企业主们迫切地想要找到答案。毕竟，对线下的零售企业来说，认清趋势、顺应变化是很重要的事。然而，胖东来这个四线城市的区域零售企业，对此却显得格外从容，它不扩张规模，也不参与红海竞争，却将自己打造成了零售业内的一颗与众不同的璀璨明珠。许多企业都想学胖东来，胖东来倒也很大方，把自己的经营管理制度全部公开放在网上，可真正学到精髓的寥寥无几。

对于这样的现状，于东来建议人们把关注点更多地放在他的哲学上，而不是商业上。他在给予友商们善意的提示，看事情不能只看表面，还要看到事物的本质。有些事物看起来神秘莫测，实则只是形式上的变幻，若能透过现象看到本质，便能更好地知晓，什么会变，什么不会变；可以改变什么，不能改变什么。事实上，这些道理一直蕴含在古今中外的哲学作品中，只是于东来读懂了，而许多企业经营者还尚未有机会去了解和参透。

被誉为华夏上古奇书的《易经》是中国哲学的代表作品之一，也是中华民族智慧的结晶，它从整体的角度去认识和把握世界，把人和自然视为一个互相感应的有机整体。

《易经》向来有"三易"之说，即变易，简易，不易。

变易，即变化之道。世间万物时刻都处于变化中，事物在不同的发展阶段，要用不同的方式方法来应对，切不可僵化，变则通，通则久。

简易，即大道至简。无论宇宙间的万物多么纷繁复杂，其背后的道理和规律都是简单的，只要掌握了这些道理和规则，就可以准确把握和预测事物的运动趋势，了解其最终的运动结果。如此，万事万物就从神秘变得简单又平凡了。

不易，即规律不变。万物时刻都在运动，随时随地都在改变，但这一切都只是现象的改变，事物背后的规律、藏在现象背后的本质是不变的。

时代一直在变迁，眼花缭乱的商业模式令人焦急恐慌。然而，模式千变万化，商业的本质从未改变。商业活动的主体是"人"，连接起每个环节的也是"人"，资本市场最终较量的不是那些长篇累牍的投资技巧，而是企业家对人性的感知力和把握力。就胖东来而言，无论是企业文化、管理制度还是服务方式，都是在聚焦商业的本质——以人为本。

第五章
回归商业本质，聚焦价值创造

北京大学国家发展研究院陈春花教授在解释"生意的核心是什么"的问题时说："大量产生和大量消费不是最重要的商业逻辑，最重要的商业逻辑应该回归到可持续性。如果从生意的核心去理解，就会看到：我们今天看技术，不是看技术本身；技术所做的最重要的事情，就是为人类创造出舒适的生活空间。如果把技术和人类的生活空间做一个组合，我们可以理解技术的目的——释放人的生活，释放人本身，释放人回归到人类自己的命运和追求当中来……如果整个商业逻辑不沿着人本身的价值去追求，那么这个商业已经没有存在的意义了。"

无论哪一个行业，改变的是产品，更新的是模式，不变的是商业的本质。

于东来深谙此道。所以，无论电商的浪潮掀起多大的浪花，无论市场上冒出多少眼花缭乱的模式，他一直带领胖东来坚守着"一切出于人，一切为了人"的方向，为顾客提供有价值的商品，提供超出预期的增值服务，为利益相关者创造幸福的崇高目标。

从这个角度，我们就不难理解，为什么于东来会落泪说出——"有的人说胖东来是神话，其实就是真诚了一点，善良了一点，如果这样都被说是神话，那我们过得多悲哀。"其实，不只是胖东来，几乎所有把零售企业做得出色的优秀企业，都保持着对人性的尊重与关怀。

沃尔玛创始人萨姆·沃尔顿说:"世界上没有什么纯而又纯的商业真理,所谓商业真理只是把那些古老的真理认真地、全身心地运用到你的商业行为当中。"

我们今天看到的沃尔玛,它的商业理念也是有哲学渊源的——"己所不欲,勿施于人"。每个人都希望用最少的钱买更多的产品,这是一个古老的真理,沃尔顿就是在商业领域全身心地运用和践行了这一真理。

当代人学家张荣寰在诠释人性时指出,当人理智地释放人性的自由时,自我的良心就给予意志上的平等,自我的欲望就回归到美善的表达,爱的情感随之产生,人就会得到某种满足。身体上的满足是快乐,心灵上的满足是欢喜,这种身心上的满足就是幸福。

有人说,胖东来重新定义了商业。仔细想想,也许换一种方式表述更为贴切——胖东来让商业找回了它本来的样子,那是许多企业遗忘已久的美好。

聚焦专业：每个员工都是"岗位专家"

在一次分享会上，于东来提到了规模扩张的问题，他说："零售业正处在变革迭代的时期，很多企业盲目扩张其实是一种不负责任的、功利主义的心态在作怪，胖东来拒绝走这条路，盲目开店、大举扩张，管理资源和水平跟不上，服务能力不达标，既坑了员工，又坑了顾客。"

欲望大于能力是一种灾难，这是于东来反复强调的观点，也是其理性思维的体现。

从企业角度看，胖东来是一家区域零售企业，其模式很难在其他地方无限复制。许昌是一个四线城市，人均收入不高，平均房价六千左右，百姓的日常支出也不算太高。所以，胖东来给予员工的利润分配很有竞争力。如果胖东来开在一线城市，或者是河南的省会郑州，就算于东来把99%的利润都分给员工，生活成本的压力仍然让员工无法感到幸福和满足，其工作的积极性和服务质量自然也就无法和现在相提并论。

从个人角度看，于东来崇尚快乐和自由，不希望为了规模和利润去损耗生命,他的心愿是做一家美好企业,造福一方百姓,向社会传递善意。

鉴于此,于东来把经营的焦点放在了专业服务上。胖东来内部成立了实操标准小组,为各个部门的工作岗位制定详细的操作手册和视频,要求所有员工都要尽可能地丰富商品知识,从原材料、生产到使用方法,都可以为顾客进行详细的讲述。在胖东来商场里,处处可见商品的介绍牌,指导顾客了解商品的来源、种类、特征,以及正确使用商品的方法。

在顾客看来,在同行看来,甚至在慕名想要去逛一逛胖东来的网友们看来,胖东来可谓把服务做到了"天花板"的级别。人人都说胖东来服务好,那么于东来是怎么看的呢?

在优酷网站胖东来官方视频《爱的力量》中,于东来说:如果按照满分100分的标准来看,目前的这种情况,胖东来的服务人员连1分都不值,因为他们的专业性很差!听起来像是在"说笑",胖东来人把服务做到这么细致,老板竟然只给他们打了1分?

于东来解释说:"如果有一天,我们的能力提升到5分,提升到10分,提升到20分,提升到30分,那你想着比现在的能力要强很多,最起码买了东西,一问很专业,不会让顾客买错。不是说跟现在一样,买个东西,好啊好啊,光满嘴的好,好到哪儿了,他不知道。你得懂这种商品它到底好在什么地方,内在的元素,外在的这种设计,它的思想是啥,能为人带来什么,

第五章
回归商业本质，聚焦价值创造

带来什么样的好处。如果是这样的，那看见谁来了，你是胖的瘦的，啥样的性格，啥样的商品适合你，都给你规划好了，这才是作为一个专业的员工应该做的，应该承担的责任和使命。如果是这样做的，你说你还愁生存？"

于东来对服务的要求，不只是让顾客在表面上体验到的热情、贴心与温暖，还要足够专业，每一位员工都要成为"岗位专家"！所谓"岗位专家"，就是在不同的工作岗位中具有专业知识和技能，可以有效地思考和处理该领域的问题，具有专业的判断力和观察力，能够看到普通人员注意不到的问题和信息。

以保洁员为例，许多人只看到胖东来的保洁阿姨蹲在地上擦地，一小块一小块地擦，认为这就是胖东来的高薪资待遇产生的效用，保洁员工把工作做得非常用心。有些企业管理者甚至想到，也给自己门店的保洁人员涨工资，希望他们也能有"蹲下来擦地"的敬业态度。

结果怎么样呢？工资涨了，保洁人员也蹲下来擦地了，可是门店的地板仍然还是不够干净明亮。原因就在于，只学到了保洁阿姨擦地的姿态，没有学到专业的技能。要知道，胖东来的保洁实操手册共有200多页，里面详细介绍了保洁人员日常的工作流程，以及各种工作细节，如不同清洁剂的属性、调清洁剂的方法、使用扫地机的方法。可以说，胖东来保洁部的员工，比专门的保洁公司做得还要好，这就是专业。

为了让每一位员工都能够成为"岗位专家"，胖东来制作了上百本的服务培训手册，共计上千万字；针对门店销售的商品，每个产品都有详细的培训资料，每天组织员工学习。于东来知道，胖东来要想把服务做到极致，必须要全员共同努力，只有让每一位员工都掌握相关的知识、工作流程，练就扎实的业务技能，养成深厚的专业素养，才能在整体上提升胖东来的服务能力、服务价值，成为行业内的标杆。

聚焦细节：细微处聚人心，无往而不胜

泰山不拒细壤，故能成其高；江海不择细流，故能就其深。万事之始，事无巨细，很多东西看似微不足道，却能带来一系列的连锁反应，决定事情的成败。任何伟大的事业，都是聚沙成塔、集腋成裘的过程；任何经久不衰的艺术品，都是精雕细琢、反复打磨后的结果。

河南省商业行业协会会长何宏剑，在接受《南方周末》记者的采访时说："我们业内有句话，零售就是细节，胖东来是市面上细节做得最好的商超。"

零售业的核心竞争力是服务，服务的定义很广，无论是海底捞的热情服务，还是 Costco 的会员服务，或是阿里、京东、拼多多提供的多快好省服务，都属于零售服务的范畴。胖东来之所以能够成为区域零售之首，正因为它始终围绕着人性来做服务，让顾客体会到了无微不至的温暖与贴心；胖东来表面兜售的是商品，实则兜售的是极致的服务与信任。

相较同行而言，胖东来的服务细节体现在哪些地方呢？

1. 提供"免打扰购物牌"

逛超市的目的都是为了购物吗？不，也可能是为了散散心。胖东来体察到了这种现象的存在，也理解顾客的心情，为此专门准备了一个"免打扰购物牌"。倘若顾客心情不好，想一个人静静；或是只想跟伴侣、家人充分体验逛超市的乐趣，就可以把这个牌子挂在购物车上，避免被促销员或其他人打扰。

2. 设置"日清商品"区域

胖东来曾经公开表示，要向友商钱大妈学习"日清模式"。现如今，它已经将这种模式运用到水果、蔬菜、肉类等商品中，设置一个专门的区域，提示顾客："本柜台商品为日清商品，建议您购买后当天使用完毕，请您酌情购买。"这样的设置满足了消费者对产品新鲜度的要求，同时也引导消费者朝着理性消费的方向发展，吃优质的商品，过优品的生活。

3. 免费配备"锁鲜加冰站"

在天气炎热、温度较高的情况下，为了保证商品的品质，胖东来在收银台出口为顾客提供了免费的冰袋，提醒顾客："可咨询本区域员工或自行拿取冰块，到家请及时食用或者冷冻"。在不少携带时需保持冷藏环境的商品旁边，胖东来也设置了同样的提示牌，并在收银台旁和出口处配备自助加冰站，供顾客免费使用。

第五章
回归商业本质，聚焦价值创造

4. 让顾客监督生鲜区的品质

为了保证商品的质量及新鲜度，胖东来提醒顾客："如果您在生鲜区鱼缸内发现有死鱼，请告知我们的员工，我们会将该商品赠予您。"简短的一个提示语，折射出的是对商品鲜度及质量极高的要求。从胖东来现场的排水及氧气补给管理来看，应该很少有鱼会死掉，就算是真的死掉，它也不会将其作为"冰鲜鱼"来出售。免费赠予顾客，其实是让顾客来监督生鲜区的品质，体现了胖东来对商品质量的严格要求，也体现了胖东来对顾客的诚意。

5. 提供"私密商品置物袋"

在女士护理区域，胖东来考虑到了顾客对私密性比较关注，特别提供了盛放私密商品的置物袋，顾客可以自行取用。比起其他超市和便利店，这样的贴心服务令人感觉很舒服。在女性卫生间里，胖东来免费提供女性卫生用品，更暖心的是还有备用裙子，以供不时之需。

6. 商场门口支上遮阳棚

胖东来的门口有一大块区域都支上了遮阳棚，这是专门为顾客停放小型电瓶车准备的。考虑到夏季天气炎热，超市还为顾客准备了给车座降温的工具，就像对待家人一样用心。

7. 为外卖员提供便利

在胖东来卖场的后门，有一片区域是专门用来存放外卖订单的，为了方便骑手取单方便，胖东来选择在墙上贴明号码牌，大大节省了骑手查找货物订单的时间。

……

类似这样的服务细节，我们还能列举出数十条乃至上百条，每一条都能够让顾客感受到自己被尊重、被理解、被关爱。胖东来是真正把"能让顾客开心，就是应该做的"的理念践行到了实处，带给了顾客戳到心坎儿里的温暖。

做服务不难，难的是把服务做细。这个过程，就像是雕塑工匠打磨作品，真正把拙劣的模仿者和大师的技艺区分开来的，全在那些看似不经意的一凿一刻中；就连工匠手里的凿子，看起来长得差不多，细微处的差别却决定着最终成果的优劣。

当年，雕塑巨匠加诺瓦在准备塑造作品《拿破仑》时，突然发现备用的大理石纹理上隐约能看出来一条红线，虽然这块大理石价格昂贵，几经周折才从帕罗斯岛运来，可就因为有了这一丝瑕疵，加诺瓦毅然决定弃用。他的凿子不是随意挥舞的，他要的艺术品必须经得起审视和考验，绝不允许在细节上出现失误，哪怕只是一个隐患，也万万不可以。

作为胖东来的"雕塑巨匠"，于东来为了把一个细节做到极

第五章
回归商业本质，聚焦价值创造

致，曾经让设计师先后十次前往日本去学习考察。正是因为这种细腻、严谨和慎独的态度，以及不断苛求细节上的"更好"的精神，才造就了胖东来今天令人惊艳的服务。

细节往往因其小而被忽视，掉以轻心；因其细而使人感到烦琐，不屑一顾。可就是这些小事和细节，往往是事物发展的关键和突破口。正如汪中求先生在《细节决定成败》一书中所说："想做大事的人很多，但愿意把小事做细的人很少；我们不缺少雄韬伟略的战略家，缺少的是精益求精的执行者；不缺少各类管理规章制度，缺少的是对规章条款不折不扣地执行。我们必须改变心浮气躁、浅尝辄止的毛病，提倡注重细节、把小事做细。"

聚焦场景：用场景激发共鸣与购买欲

走进一家硬装和软装都颇具品位的美发沙龙，这里提供的服务有美发、美妆和摄影等。如果你是顾客，刚刚在这里做了一个满意的发型，你想不想把这个美好的形象记录下来？恰好，店里提供了专业的摄影师，可以为你拍摄形象照，这是店内提供的免费服务，你愿不愿意尝试？

在有时间的条件下，想必多数顾客都愿意尝试一下。对于这家美发沙龙来说，在顾客允许的前提下，免费获得了宣传素材，也形成了口碑效应。与此同时，不少顾客体验过了专业摄影的魅力，也很容易对付费摄影项目形成消费转化。

试问，这家美发沙龙是不是在做营销？他们在用什么方式做营销？毋庸置疑，他们的确是在做营销，且采用的是场景营销。

所谓场景营销，就是利用现实的场景，或者在自己制造出来的场景中，对消费者进行感官刺激，引导消费者进入某种心理状态中，产生与这个场景相吻合的消费链条，从而启动消费行为链条。

第五章
回归商业本质，聚焦价值创造

顾客的消费行为都是在特定的场景下进行的，也是透过场景来认知产品的。作为线下零售企业，胖东来一直都在聚焦场景来做营销，用心分析顾客生活习惯与消费行为，真实再现消费者的生活场景，把产品嵌入氛围满满的不同场景中，把产品卖点和用户需求相对接，有效地触动用户的痒点或痛点[①]，引起顾客的情感共鸣，激发购买欲望，建立良好的互动关系，从而形成消费者黏性与忠诚度。

春季来临时，人们都喜欢踏青露营，感受万物的复苏，体验最美的风景。细心的胖东来洞察到了顾客的心情与需要，应情应景地推出"向自然行进"的户外陈列主题。无论是商品的组织，还是现场氛围感的营造，都是可圈可点的。

亮点1：把各种关于户外和烧烤所需要的商品跨界陈列，按照真实的场景进行1∶1的还原，带给顾客画面感极强的沉浸式体验，渗透出与时俱进的幸福感与生活方式的品质感。

亮点2：走心的文案里透着对生活的热爱，调动了人们内心对惬意的休闲时光的向往，如"生活不是现在，而是热爱""让自己像春天的花儿一样盛开，永远释放着美丽"。

亮点3：考虑到不少顾客没有烧烤炉等用品，可又不太想购买使用频率不高的商品，胖东来特别推出了"烧烤炉租赁"活

---

① 注释：从心理学上来讲，人的选择源自两种动力，即趋利和避害，而避害比趋利的动力更强。痛点和痒点的挖掘，就是建立在这两种选择动力之上。

动,并提供烧烤食材预约的服务,将食材的品类以及价格制作成醒目的展示牌,标注得清清楚楚,如:烧烤鲈鱼39.9元/条、烤鱼串棒3元/串、淡贝丸串2元/串……几乎涵盖了烧烤常见的各种肉类、蔬菜和主食。

当这样的场景呈现在眼前,顾客瞬间就会联想到户外露营的美好画面,且无需绞尽脑汁地思考要准备哪些东西,因为胖东来都已经为顾客想到了。顾客只需要定好时间,在胖东来购买或预定所需的物品或食品,就可以轻松高效地完成准备工作,静待露营的美好体验。

冬季来临时,"围炉聚炊欢呼处,百味消融小釜中",热气腾腾的火锅暖身又暖心。在超市的各个品类中,火锅品类的销售链是最长的,联动的品类也是最多的。不过,传统的零售门店做火锅节,基本上就是围绕特价、促销、买赠等方式,没有太多的特色,顾客见得多了,对此也没有太多的感触。然而,最懂凡人心的胖东来,却把火锅节的氛围拉得满满的。

亮点1:火锅产品区域整体亮度偏暗,灯光凝聚在商品上,营造出"吃火锅"的氛围感。

亮点2:清新的文案,为火锅赋予了特别的意义,展示出一种"个性化",或是营造出画面感,比如:"原谅我这一生放荡不羁爱吃肉""搓搓小手吃火锅"。

第五章
回归商业本质，聚焦价值创造

亮点3：抓住新一代年轻消费者的喜好，对火锅种类进行细分，如川式火锅、日式火锅、泰式火锅，以展板方式提示顾客，每一种火锅所需的食材及口味。以泰式火锅为例，主要食材是虾、蟹、扇贝、鱿鱼等海鲜，口味可选鸡汤汤底、酸辣汤底、香浓咖喱汤底、泰式酸辣汤底等。

顾客在看到这些详细的说明时，有可能会萌生出"我想吃……火锅"的想法，而这个想法在没有看到展板之前，可能很难被意识到；还有些顾客对火锅的理解就是"传统火锅"，在看到这些带有异域风情味道的火锅时，也可能会萌生想要"尝鲜"的欲望。

亮点4：用图文结合的方式，描绘不同食物搭配火锅的口感与味道，调动人的味蕾和进食欲望，比如"鸭血配火锅，让您体验火辣之中的鲜嫩""传统美食，美味豆腐；嫩豆腐软嫩、细腻、洁白；老豆腐硬度、弹性、韧性较强"。

亮点5：将不同食材的涮煮时间，从短到长依次进行排列，如"毛肚——15~20秒""豆腐皮——1分钟""笋尖——3分钟""鱿鱼——4分钟"……既向顾客推荐了吃火锅可搭配的食材，又为顾客进行了专业的讲解，实现"好食材要好好享用"的目的。

社会心理学家戴维·迈尔斯研究证实，人的行为动机主要受到四个方面的影响，即社会角色、性格禀赋、文化属性和当下场景影响，其中

当下场景对人的行为影响最为明显。

胖东来结合不同的季节营造出了"向自然行进"和"火锅节"等不同的场景，这些场景不是随意建构的，而是精准地抓住了人们对惬意时光的憧憬，对热气腾腾的幸福快乐的向往，不管是踏青还是吃火锅，都透着浓浓的生活气息，传递出了人间烟火中的美好。

所以，场景营销的核心不是构造花里胡哨的环境，而是洞察具体场景中消费者所具有的心理状态和需求，清楚地知道自己的产品所满足的消费者需求是什么、这种需求背后的心理动机是什么。场景不过是刺激消费者的一个工具，它可以是一篇文章、一个图片、一个事件或一个现实场景，其本质都是唤醒消费者某种心理状态或需求的载体。

聚焦体验：不断满足消费升级的需求

7-11的创始人铃木敏文说："零售的本质，就是满足不断变化的客户需求。"

消费者是很复杂的，即便你知道他们的需求，也未必能够真正地、很好地满足。线下零售看起来是一个传统的、门槛较低的行业，实则对每一位创业者和从业者而言，都存在着诸多的考验。

不少零售企业已经意识到，过去那种物美价廉的模式已经很难打动消费者了，明明产品质量挺好，价格也不高，却卖不出去了。原因就是，现在已经过了大众化消费的时代，而是小众化消费，消费者的消费心理和消费行为也发生了变化。在过去的十年中，中国的中产阶层突飞猛进，消费能力不可小觑。中产阶层的消费心理、消费模式，与追求温饱的消费者截然不同：

（1）不会轻易听信过度的推销和宣传，有自己的理性判断。

（2）不介意跟别人走不一样的道路、做不一样的选择，也不会跟风式地购买某种商品，能够彰显个人品位的东西，反倒更受青睐。

（3）对产品价值的重视程度，胜过对产品价格的关注。

（4）不是特别在意产品的价格，但十分看重产品的价值，即产品品质如何？服务好不好？能给自己带来什么样的体验？这才是他们衡量产品价值的标准。

（5）十分注重品位，讲究内外和谐。品位不仅仅是穿着考究，更重要的是与环境和谐，浑身上下穿戴着奢侈品牌却在公共场合大声喧哗不是有品位的象征，也不是说收入低就没有资格消费，而是无论消费什么都会搭配得很和谐。

对于这样的消费群体，靠物美价廉肯定是行不通的，唯有差异化的产品、良好的消费体验，才是有效的出路。胖东来认清了这一趋势和现状，它聚焦顾客的体验，秉持为顾客创造价值的理念，不断根据顾客的需求做出调整和改变。

1. 围绕顾客的需求，为顾客精选和优化商品

在商品采购方面，胖东来主动缩减品种数量、提高商品质量，一直站在顾客的角度、围绕顾客的需求去精选、优化产品，于东来说："我们卖的商品越来越简单，顾客在购买上越来越放心。单品少了，更注重质量了，顾客的信任也增加了，我们的效率也提高了。"

第五章
回归商业本质，聚焦价值创造

2. 实现业态升级，为顾客提供更好的体验

过去的那些传统百货和传统超市，在经营方式上都是基于自身商业利益设计的，客观上是为了消费者的生活，主观上却是以自我为中心。胖东来现在的主营业态是购物中心，实际上这是一种门店的迭代和升级。购物中心代表着一种全新的生活方式，消费者在这里不仅仅是购物和聚餐，同样也是为了寻求体验，比如：体验商业场所的硬件本身，感受建筑物的商业设计和风格、商业布局和组合，体验物业管理及服务，享受生活之外的第三空间等。

3. 推崇体验式服务，为顾客提供"产品附加值"

有些商家经常冒出这样的疑问：为什么同样的产品，别人卖得那么贵，消费者依然接踵而来；我卖得便宜，销量却一直上不去？由此，甚至开始怀疑消费者的理性程度，发出类似于"踏踏实实做产品没活路"之类的感慨。

其实，不是踏踏实实做产品没有活路，而是只会做产品却不懂提升消费体验的思路，在如今的市场已经没活路了。要知道，"性价比为王"的消费时代已经渐行渐远了，想要获得消费者的青睐，必须想方设法地提高"产品的附加值"。"附加值"从哪里来呢？不是在产品上凭空产生的，而是在体验中得来的，若没有附加的体验，何来附加值？

胖东来为顾客提供的"附加值"体现在各个方面：在购物

方面，不满意就退货；在生活方面，免费干洗、熨烫、缝边；在售后方面，免费送货，免费维修……这些超值的服务项目，都让顾客体验到了如沐春风般的细致、体贴与温暖。

现代商业是物质与精神并存的双重创造，也是充满艺术与体验的情感历程。无论是虚拟服务，还是实体服务，在实现的过程中都要以人为本、为人服务，带给顾客优质的体验。至于其他的东西，都只是手段；离开了目的，手段就是"无源之水，无本之木"。

换而言之，这不是一个"你说好就好"的时代，而是"顾客说好才是好"的时代。企业未来的出路，就是要在人的需求上下功夫，在人的消费场景上下功夫，在商品的品质上下功夫，在优质的服务上下功夫。

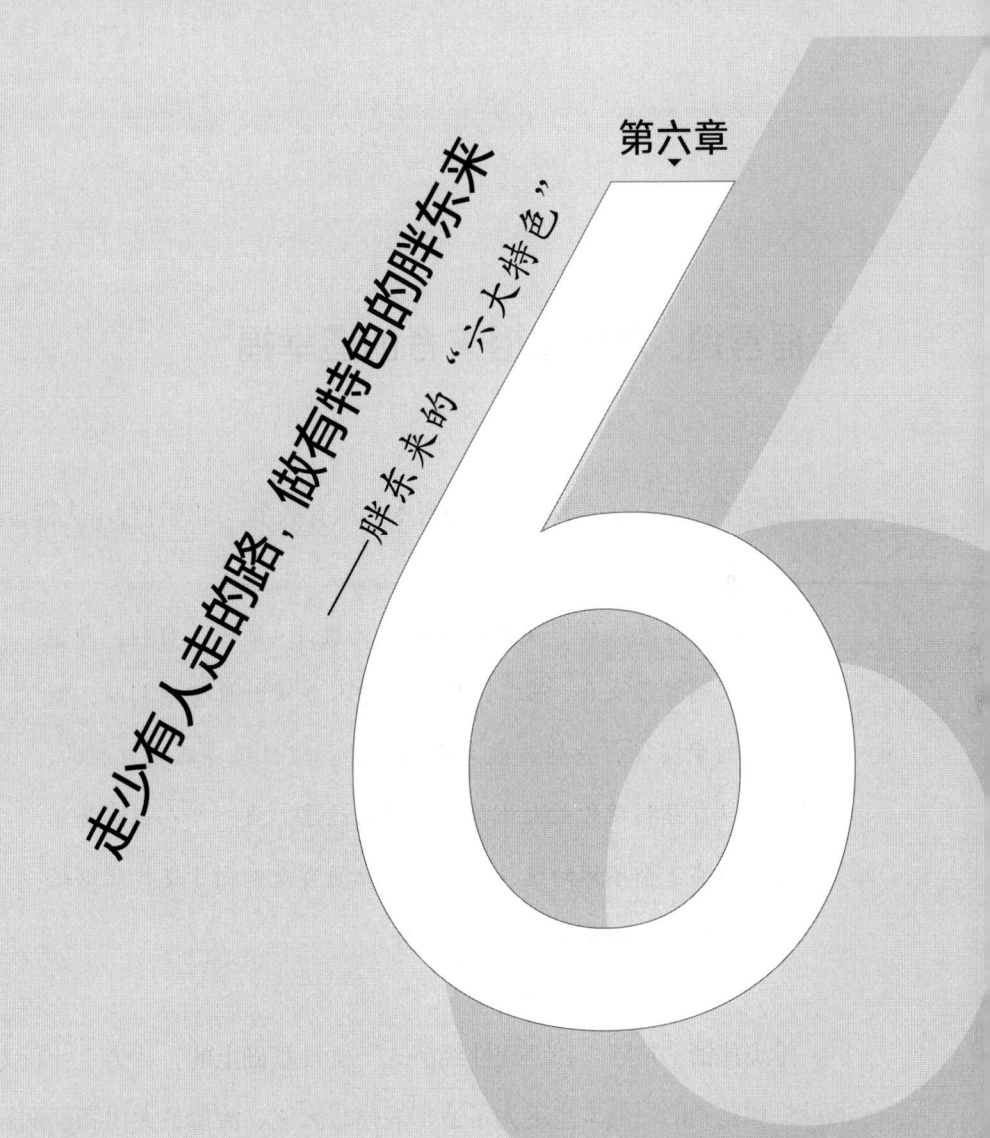

第六章

走少有人走的路，做有特色的胖东来
——胖东来的"六大特色"

幸福营销：为利益相关者创造幸福

经济学的假设有很多，但最为根本的只有一个，即理性经济人假设。

理性经济人的含义强调了两个关键点：第一，自利，即追求个人利益最大化；第二，理性，即人会审时度势地判断，做出有利于实现自身利益最大化的选择。理性经济人是自利的，始终以自身利益的最大化作为自己的追求。当一个人在经济活动中面临多个不同的选择机会时，他通常是倾向于选择能够给自己带来更大经济利益的那个机会。

传统营销学是建立在"理性经济人"假设基础上的，认为企业行为的动机和营销的目的，也是为了追求规模最大化、流量最大化和利润最大化。然而，规模的大小，利润的多少，真的可以作为评判一家企业成败与价值的标尺吗？

关于这一问题，清华大学经济管理学院营销系教授李飞发

第六章
走少有人走的路，做有特色的胖东来

表了自己的看法："多年以来，无论是媒体还是社会舆论，常常传播着一个错误的信号：财富多就是成功人士，规模大就是令人尊敬的公司，越大越有钱的公司对社会的贡献越大。其实不然，比尔·盖茨就曾说过这样一句话：'挣钱越多越让我内疚。'……那些兜售假药而发财的公司，那些靠宣传烟酒甚至八卦而赚大钱的电视台，那些靠掠夺宝贵土地和矿山资源而做大的公司，那些靠压榨员工血汗钱而赢得满盆金银的'黑工厂'，做得再大，也无法令人尊敬。"[①]

当企业以规模和利润最大化为主要动机时，为了达到目的往往会不择手段，哪怕是践踏法律和道德、损害利益相关者的利益也在所不惜。也许，这些逐利的企业最终实现了高速成长，但这样的发展是以损害社会利益和公众利益为代价的，实在难以令人尊敬。

在这样的背景之下，2003年，芝加哥大学华人学者奚恺元教授提出了"企业应该追求幸福最大化"的观点；2007年有媒体倡导中国社会应当构建幸福企业；2010年之后，李飞教授也开始关注国内的中小型企业，并惊喜地发现了一些崇尚先进的商业伦理道德、重视人文精神、秉承友善和分享美好理念、不追求规模和利润最大化的"小而美"的企业，其中就包括胖东来。为此，他特别撰写了《幸福营销管理》一书，全面解析这一全新的管理理论。

---

① 详见《营销管理为什么》，李飞，2012年。

李飞教授在书中指出，幸福营销中的"幸福"是营销的哲学，幸福营销中"营销"是哲学的职能，哲学需要通过职能来落地，职能需要哲学来引领，二者融合就构成了幸福营销管理的定义——营销者秉承创造幸福的哲学或使命，以实现利益相关者的幸福为目标，选择关注幸福的目标顾客和幸福的营销定位点，组合产品、价格、分销和传播等营销要素，以及构建关键流程，整合重要资源的分析、计划和实施的过程。

　　或许，于东来并没有专门研究过幸福营销理论，他说的话向来都很朴实，比如他一直强调："要学会爱自己，学会做一个幸福企业。爱自己，就是让自己轻松、自由、开心，而不是纠结；学会做幸福企业，也是有标准的，要知道怎么建团队，熟悉这个行业的专业，把专业、品质做好，再呈现给顾客，呈现给社会。"可我们不难看出，这些朴实之语的背后，实则蕴含着深刻的管理理论，只是它呈现的形式更为通俗和口语化；而且在多年的经营管理中，他也已经把"幸福营销管理"践行成了胖东来的特色之一。

　　李飞教授在《幸福营销管理》中提出了一个"幸福营销管理差距模型"，意在帮助企业更好地落地幸福营销管理。接下来，我们不妨结合差距模型七个步骤，解析胖东来的幸福营销管理，同时也以此为例，诠释幸福营销管理在实际中的应用。

第六章
走少有人走的路，做有特色的胖东来

1. 秉承幸福营销的使命和哲学——"传播先进的文化理念"

1995年，望月楼胖子店推出"用真品，换真心"的口号；1997年，望月楼胖子店改名为胖东来烟酒有限公司，提出"创中国名店，做许昌典范"的口号；1999年，胖东来推出"不满意就退货"的理念，提供一系列免费的服务，为企业奠定了"爱"的文化基因；2003年，胖东来将视野拓宽到全球，将企业愿景调整为"世界的品牌，文明的使者"；之后，胖东来又从"公平、自由、快乐、博爱"，慢慢调整为今天的"传播先进的文化理念"。

胖东来的口号在变，经营理念也在与时俱进，但其核心从始至终是一致的，即提供真诚美好的服务、让更多的人感受到爱与美好，并将这份善意传递到社会的各个角落。

2. 确定幸福营销的目标——"爱自己、爱员工、爱顾客、爱事业、爱社会"

确定幸福营销的目标，是为了避免与组织使命之间的差距。很多企业未能实现使命与愿景，就是因为它确定的目标没有对使命的实现发挥效用，两者出现了"不匹配"的情况。

比如，一家企业的使命是"让生命更有质量"，而其确定的目标是"利润年年涨"，就可能为了追求利润最大化，而忽视员工健康、忽略环境保护等，未能让人感知到它是一个幸福的组织，这就是目标与使命之间未形成明显的正向影响关系，也就是两者存在差距。

秉承幸福营销的哲学，意味着企业要以利益相关者的幸福为目标，其核心是员工与顾客的幸福感，以及其他利益相关者的幸福感。在这一点上，胖东来做得就很好。

胖东来将自己定义为"传播先进的文化理念"的学校，确立的目标是"爱自己、爱员工、爱顾客、爱事业、爱社会"，凭借以"爱"为根基的制度和管理，把胖东来打造成企业标杆，让更多的人感受到什么是爱与美好，让更多的企业认识到什么是先进的文化理念。

3. 选择幸福营销的目标顾客——"区域内的中高收入客群与民生客群"

任何一个企业都不可能满足所有人的需求，要根据企业已有和潜在的能力或竞争优势来选择目标顾客。胖东来的"服务好"是出了名的，但在提供优质服务之前，它也以"高价"商品对顾客群体进行了筛选。

胖东来从创立之初到现在，对目标顾客的定位经历过三次

第六章
走少有人走的路，做有特色的胖东来

调整：创立之初，主张"贴近普通百姓，满足工薪消费"；发展中期，主张"引领时尚潮流，提升大众品质"；现阶段，主张"引流商业，让城市更幸福，倡导爱与自由"。不难看出，胖东来在调整的过程中，逐渐确立了提升所在区域商业品质定位的目标，其客户群体的结构及功能定位也愈发清晰。

以许昌为例，胖东来的目标顾客分为两种：一种是月收入在4000元以上的中高收入客群，另一种是月收入在3000元左右的民生客群。中高收入客群，可以支撑胖东来整体门店定位，有能力为高品质商品及一线品牌等商品买单、贡献利润；民生顾客群体对价格较为敏感，可以为胖东来贡献良好的口碑与销售量。所以，胖东来每天从晚上7:30开始对蔬菜海鲜等打6~7折，民生客群会挑这个时间买东西，而中高端客群还是会在早间购买最新鲜的商品。

正如胖东来的一位高管所言："到胖东来购物的顾客，有钱、没钱的人都有，真正贡献购买力的大概率是收入在四五千元以上的中高端客群，而称赞胖东来的反而是普通老百姓，因为他们享受了中高端卖场才能享受到的顾客关注度、公共设施、细心服务等体验。"[①]

[①] 详见《胖东来的逻辑：用"高价"商品筛选顾客》，第三只眼看零售Uniyueyue，2022年4月8日。

4. 选择幸福营销定位点——"以性价比最好的商品为顾客带去价值"

营销定位点是企业最受目标顾客关注，且具有明显竞争优势的价值点、利益点或属性点，也是目标客群选择和购买的重要理由。

在顾客满意度里，商品占80%，其他占20%。商品要物有所值，才能赢得顾客信任；商品质量与价格匹配，才能赢得顾客认可。所以，胖东来在商品的选择上不与其他同行比，不追求"别人有什么我卖什么"，而是围绕自身经营用心选择商品。于东来说："要做价格不是最低、质量不是最优，但性价比最好的商品。如果有100个单品，最低要有80个单品让顾客满意，另外20个可能不如其他企业；80个商品中，40个是共有品牌，价格一致，剩下40个商品应是独有的，要绝对有优势。"[1]

近几年来，胖东来强行把不好的产品下架，淘汰质量低的商品，重点卖一线品牌和特色产品。胖东来不走低价促销的路线，已将近十年不允许卖促销单品，也不印发促销传单。于东来的逻辑不难理解：促销品培养出来的是爱贪便宜的顾客，让顾客为了便宜货而消费，而不是出于真实的需求去消费，会把整个交易推向低价、低质的恶性循环，最终失去市场。与其花

---

[1] 详见《美好之路：于东来首期学员班分享实录》之"商品优化和优选"，46页。

第六章
走少有人走的路，做有特色的胖东来

精力去做促销，不如直接把没有特色的三四线产品从采购清单里划去，专注做价值营销，逐步培养顾客正确的消费认识，以及理性的消费习惯。

5. 实现幸福的营销定位点——"价格实在 + 商品质量好 + 超值的服务"

实现幸福的营销定位点，就是让目标顾客在接受服务和享用产品过程中真正感受到幸福。

胖东来根据客户群体来规划品类和单品，门店专注于保障方便、保障民生需求的产品，力求打造成非常有品位的门店，给予顾客质量好、价格实在的商品，同时自己又能赚取到合理利润，让顾客觉得买了胖东来的东西真心好用，慢慢改变只关注低价的购物习惯。

作为一个四线城市的商超，胖东来在服务上向一线看齐，为顾客提供了"超标准"的服务，比如水果采购后代加工、切块水果自选数量封装、超高数量配置的称量台，再如每层电梯口都有一名服务员，主动帮助每一位顾客调整购物车位置……从硬件到软件进行了全方位的考虑，给予顾客超出期望值的服务，让顾客产生"逛胖东来是一种幸福"的感觉。

6. 构建幸福感的关键流程——"提升采购的专业能力，为顾客挑选好的商品"

关键流程，就是对营销定位点影响最大或最为关键的流程。

胖东来的幸福营销定位点是"以性价比最好的商品为顾客带去价值"，很显然，寻找和采购"性比价最好的商品"是其构建幸福感最为关键的流程。于东来主张，销售的商品是最真诚、最实惠的，而不是最挣钱的；采购人员的责任是为顾客挑选有价值的商品，而不是高毛利的商品。所以，他也对采购工作提出了严格的要求。

第一，业务人员要跟厂商共同考虑：如何把产品做好，压缩流通环节，减少成本费用，优选更好的商品，双方都有合理的利润？业务人员要具备专业知识，知道哪段时间、哪个地方、哪些水果成熟了？是谁种植的？要采购多少？用什么样的方式采购？都需要有合理的细则，根据门店需求、市场行情、供货渠道等进行科学规划。

第二，严格把控质量，最低要达到国家标准以上，包括自有品牌产品。每个部门都要将质量当成企业的生命，甚至高于生命。做商品，宁缺毋滥。

第三，采购人员的观念要走在时代前沿，商品不仅要保证品质，还要有时尚感和科技感，如果条件成熟，还得有艺术的美感；要用长远的眼光经营商品，而不是只追求眼前的利益。

第六章
走少有人走的路，做有特色的胖东来

7. 整合幸福感的重要资源——"先进的文化 + 先进的制度 + 先进的运营"

资源整合的能力，体现的是企业的执行力。

胖东来能够做到每一位员工从内心执行制度，得益于"三个先进"的结合。

以先进的文化理念为企业和员工树立了共同的愿景，让大家朝着同一个崇高的目标前行；以先进的制度创造了舒适、美好、公正、平等的工作环境和氛围，为员工提供高薪资、高福利，打破常规的休假规定，让员工体面地生活、快乐地成长，在实现企业目标的过程中成就自我；以先进的运营实现了标准化、精细化的管理，为顾客提供有价值的商品和优质的购物体验，引导顾客理性消费。

胖东来不是在向顾客售卖商品，而是把真诚、温暖、幸福与快乐传递给对方。胖东来整合资源的过程，就像在进行一场"幸福的教育"，于东来犹如一位精神导师，告诉众多零售企业，最好的销售不是商品，而是与人交心；他秉持对美好生活的热爱，传播优秀的、先进的文化理念，引导员工和顾客幸福地工作和生活，最终实现向社会传递美好的崇高目标。

深耕区域：以"乡绅精神"做零售

对零售企业来说，碰到顾客投诉的问题并不稀奇，绝大多数意见都是针对商品质量或服务的。"胖东来投诉建议平台"的微博上也有不少这样的反馈，对此，工作人员处理得都很及时，但也有一些"投诉"自始至终无人响应，比如下面的这些——

"胖东来不好，因为没开在我家门口！"

"什么时候把超市开到广西南宁？"

"什么时候能把超市开到全国？"

"建议你们在其他城市开一下。"

……

是不是觉得有些魔幻？网友们看似是在投诉，实则是在拥护，渴望享受胖东来的贴心服务。的确，相比其他的连锁零售企业，胖东来的店确实不太多。截至2024年初，胖东来只在许昌和新乡开设了13家门店，不要说走出河南、开到全国了，连郑州都没有开到。作为一个区域型的

第六章
走少有人走的路，做有特色的胖东来

零售企业，这样的辐射范围实在有限。

为什么胖东来不向其他城市拓展市场？是在玩"饥饿营销"吗？当然不是！胖东来压根就没打算把店开到全国各地，扩大规模、提升利润从来都不是它的目标。

胖东来的超市业务在2021年就实现了9000万元的利润，只要再开一两个新店就可以实现利润过亿。可于东来不这么干，他反而还考虑关掉几家盈利能力尚可的店，控制利润的增长速度，设定要到2026年才能达到1个亿。

更令人瞠目的是，胖东来原本在许昌的计划是每个县城开两家店，把许昌的所有超市总规模销售做到50亿元，为此还建造了一个可以支撑70亿元产能的物流园。后来，于东来想了想说，这样太累了，在许昌做到25亿元至30亿元就够了。所以，现在他把那个70亿元产能物流园，当成30亿元的产能来用。

不仅不扩大规模，还主动控制利润的增长，胖东来的做法实在有些不同寻常。然而，作为一家规模有限、资源有限的区域零售企业，胖东来展现出的那种旺盛的生命力，以及逆势上扬的发展趋势，又实在太令人瞩目了。

胖东来放弃了粗放式的经营模式，重新定义了零售企业的"好"。虽然它只有十几家门店，其规模无法与零售巨头并肩，可是凭借对人性、对服务的深刻洞察，它打造出了适合本地客群的特色温情体验，为当地百姓提供好的商品、创造价值、传递美好、感受幸福,用于东来的话说:"幸福的企业不在大小,在于品质,让自己轻松驾驭的、适合自己的就是最好的!"

在竞争激烈的商业环境中,每个企业都需要找到适合自己的方式,于东来在分享经营理念时经常说:"欲望大于能力是一种灾难,要让能力大于欲望和责任。"所以,他在能力圈、责任圈和欲望圈之间画出了一个交集,在这个区域之内充分发挥自己的心力和兴趣,把事情做到极致,把做事的过程变得有趣。对胖东来而言,深耕区域、服务本地百姓的选择,既是它的经营特色,也是它的独特优势。

1. 本地化采购,极大地降低了物流成本

早在 2004 年,胖东来就加入了国际采购联盟。于东来很善于学习,他了解到通过联盟的方式可以大幅度地降低采购成本,于是就联合河南本地其他大型商超组成了"四方联采",这让胖东来在规模不占优势的情况下,在采购层面可以尽可能地降低成本。

目前,胖东来已经实现了 60% 的自采、自营品类,同时生鲜可以做到本地化采购,极大地降低了物流成本,而且胖东来还在新乡打造了物流园。这样的话,无论是采购、物流,还是员工服务,它都可以做得十分出色,即使身处重服务的零售企业,也能实现 3.5% 的净利率。

第六章
走少有人走的路，做有特色的胖东来

2. 本地化经营，充分地发挥了"乡绅精神"

早年的于东来走南闯北，在不同的城市中打拼，可是最终他还是回到了许昌创业，并将这里作为胖东来的主阵地。为什么他要选择在本地深耕呢？

第一层原因是感性的，许昌是于东来的故乡，人对自己的家乡存在着本能的眷恋；第二层原因是理性的，于东来的本地人身份与"乡缘"的信用，容易让当地百姓对他产生一种最基本的信任，无需花费太多的时间和精力成本去获得。

为什么"本地人身份"与"乡缘"如此受用呢？

> 美国社会学家威廉·格雷厄姆·萨姆纳在《民俗论》中提出过"内群体"和"外群体"的概念：内群体，是指一个人所属的且对其有认同感和归属感的群体，也被称为"我们群体"，成员之间有亲密感和认同感。外群体，是指内群体以外的所有社会群体，是人们没有参与也没有归属感的群体，也称"他们群体"。
>
> 萨姆纳认为，人们对于外群体，通常怀有蔑视、厌恶、回避或仇视心理，没有互动、合作、同情心，对其分子怀有偏见和疑问。不过，这种划分是相对的，两者之间的界定是不断变化的，在一定条件下，两者可能会发生相互转化。显然，如果于东来选择在外地创业，需要完成"从外群体转化为内群体"的过程，这并不容易做到，且花费的成本也是巨大的。

基于感性和理性的思量，于东来选择在自己的故土深耕，他汲取了世界各地优秀企业的先进文化理念，同时又流露出了中国传统社会的"乡绅精神"。

著名学者项飙教授在《把自己作为方法》中指出，乡绅是把家乡视为自己最重要的人生意义，乡绅在遇到事情或者判断时不仅会考虑法律层面，还会考虑本乡本土的风俗习惯以及邻里和谐的问题，乡绅的诉求是社区幸福最大化。

胖东来的经营理念始终围绕着"爱"的基因，于东来的诉求以及所作所为，都是在把许昌作为自己的主场，承担着乡绅的责任，为当地社区输出价值。胖东来今天所获得的成功和赞誉，实质是它在服务社区中获得的商业回报，也是它在造福百姓时获得的社会认同，而这正是"新乡绅"于东来做企业的目的，以及胖东来存在的价值。

3. 本地化经营，借由个性化服务实现深度绑定

作为区域零售企业的胖东来，它在服务方面具有一定的地域特色，这也是它的绝对优势。

胖东来的员工不以职位相称，而是以"哥""姐"相称，就连于东来也被称呼为"东来哥"。这样的称呼也被延续到与顾客的沟通中，停车场的工作人员会用河南口音热情地跟开车进来

第六章
走少有人走的路,做有特色的胖东来

的车主们打招呼:"哥,姐,要停车吗?"如果这样的情景出现在一线城市,就显得有些不合时宜了。另外,深耕本地的胖东来,雇用的大多是本地的服务人员,他们可以借助本地关系网和消费者的互动将一个个陌生的顾客变成熟人或朋友,结合胖东来的全面体验管理,这种个性化的服务又能实现与顾客的深度绑定和黏性,这是一线品牌难以比拟的。

时至今日,胖东来没有做全国性的连锁复制,而是坚守着适合自己的模式,并在这条路上走出了自己的特色。对中国区域性的零售、消费和服务品牌来说,胖东来的做法虽不能生搬硬套,但仍不失为一种启迪。

透明经营：卖的透明，买的透明

古语有云："天下熙熙，皆为利来；天下攘攘，皆为利往。"

这不再是一个羞于谈利的时代。现在的顾客大多是理性的，如果有哪个企业高呼口号"不为赚钱、不为利润"，未必能赢得客户的好感，甚至还会被认定为虚伪。真诚不是必须舍己为人、大公无私，而是实事求是。胖东来的真诚就在于，它落落大方地承认——"我们只赚取合理的利润"。

无论是人与人之间，还是企业与人之间，关系大致分为四种：损人利己、损人损己、损己利人、利人利己。其中，只有实现利人利己，才能够创造价值，维系长久的关系。所以，企业管理者不能只顾追逐自己的利益最大化，而是要兼顾顾客的利益，让双方都能获利。

美国哈佛大学行为学家皮鲁克斯说："做人是做事的开始，做事是做人的结果。把握不住这两点的人，永远都是边缘人！"销售行为心理学研究分析，影响顾客购买心理的因素有很多，但商品的品牌和质量并不是排在第一位的。很多时候，企业的可信度、真诚度以及服务态度，反倒是客户优先考虑的因素。

第六章
走少有人走的路，做有特色的胖东来

顾客钟爱胖东来，喜欢在胖东来购物，就是因为胖东来带给顾客的是品质、诚信和贴心。作为一家企业，胖东来需要有利润才能够生存下去，但是它不会为了追求利润做出任何有损顾客利益的事。不仅如此，胖东来还打破常规实行透明经营，明确告诉顾客商品的进价、产地，以及自己卖出一件商品能够赚多少钱，这也成了它独有的特色之一。

走进胖东来应季鲜果批发市集，不少顾客都见到过这样的牌子：

〇**泰国金枕头榴莲**

售价：￥21.90元/斤

进货价：￥19.70元/斤

产地：泰国东部黄金产区

出肉率：不低于35%

果形：圆润饱满

肉瓣：4房以上

〇**妃子笑荔枝**

售价：￥93元/件（一件约10斤）

进货价：￥90元/件

产地：广东省茂名市高州主产区

特点：果大、肉厚、色美、核小、味酸甜

说明：30%的红色才是恰到好处，此时正是最甜嫩的时候

每一种水果商品牌上都清楚地标明了品名、产地、价格、进货价，

以及外形特征和口感,像榴莲这样的水果,还标明了消费者关注的出肉率。现场人员的服务做得也很好,在榴莲堆头旁安排了足够的、业务技能非常熟练的员工负责为顾客剥榴莲,并且按照顾客的要求来分装。如果顾客挑选的榴莲成熟度不够,员工会主动告知并致歉,而为顾客重新挑选。

胖东来有一个专门售卖大众服饰的商场,里面卖的衣服也都公开了商品的进价和毛利率。

○动力元素长袖衬衣

售价:¥89元/件(毛利率19.77%)

进货价:¥71.4元/件(含2%以内的采购费用)

面料:棉、氨纶

风格:简约、时尚

特点:舒适、透气

产地:广东省

规格:M-XL

等级:合格

商品条码:××××××

商品序列:××××××

透过标价牌可以看出,胖东来将一件衣服的进货价和毛利率,全都公开透明地告诉了顾客。想买这件衣服的顾客,可以清楚地知道衣服的

第六章
走少有人走的路,做有特色的胖东来

原价是多少,胖东来赚取了多少差价,且这个数值能够得到顾客的认可,不会产生"买贵"的感觉。

按照常规的商业逻辑来看,只要衣服定价适中,带给顾客合适的性价比,一样是可以售卖出去的,谈不上损伤消费者的利益。为什么胖东来非要公布衣服的进货价和毛利率呢?

对于这个疑惑,于东来的解释是这样的:胖东来的大众服饰部门专业能力并不强,既然做得不好,就应当先求生存,要求生存,就应当先做到本分。

这就是胖东来对服装的定价依据,因为服务做得不够好,就没有理由将毛利率定得太高。在河南省本地采购的服饰,毛利控制在20%以下;在广东省、浙江省、福建省采购的服饰,由于多了物流成本,毛利可以稍高一些,但依然要控制在25%以下。

为了求生存,胖东来选择把顾客当成合作者;出于坦诚相待,胖东来把一件衣服的进货价和利润公开给顾客。当顾客看到刚刚的那件衣服时,他们的内心会思量:当下的环境,当下的服务,结合衣服的品质,到底配不配得上19.77%的利润?如果顾客买单,那就是认为"值";如果顾客不买账,就会倒逼胖东来努力提升自身的专业能力。

透明经营是胖东来的一大特色,如果从管理理论的角度来看,它实

际上是一种"目标倒逼法"。对多数企业而言，虽然不能直接照搬胖东来的做法，但可以借鉴这种思维方式。在商业领域中，有不少知名企业都用过这一方法。

稻盛和夫创办的京瓷在早期的发展阶段，遇到过这样一件事：

美国电脑巨头 IBM 公司给京瓷一批制造 IC 集成电路基板的大宗订单，这批订单对当时的京瓷来说，相当可观！然而，IBM 对品质基准非常严苛，产品精度相较京瓷之前的产品，要高出十倍之多！

按照京瓷当时的能力来看，根本不足以胜任这一订单，然而，稻盛和夫告诉 IBM 公司："我们可以！"

之后，从采购必需的设备开始，京瓷全身心地投入产品开发中。经过了几次失败和调整，京瓷的产品最终通过了检验，得到了 IBM 的认可。京瓷公司的技术，也像稻盛和夫预想的那样，得到了跨越式的提升，成为行业内的佼佼者。

稻盛和夫的思维方式，不是以当下的能力来做决策，而是以机会和目标为导向来思考问题。实际上，这也是一种成长式思维，不以当下的能力来限定自己，而是用目标来倒逼自己的能力，相信自己的能力是可以不断进步的。他说："我们需要用更高的目标和要求来倒逼自己成长和进步，而不要被现有的能力所束缚，必须用未来的能力来做现在的

第六章
走少有人走的路,做有特色的胖东来

决定。"

无论是京瓷还是胖东来,能够在所处领域做得如此成功,与领导者的目标导向思维有着密不可分的关系。这种思维方式对于创业或个人成长都有积极的意义,想要在未来取得成就,就要学会以目标为导向,倒逼自己提升能力,最终突破现状,实现自我超越。

视觉美学：打造"美学生活馆"

胖东来是一家线下零售企业，这意味着它需要依靠陈列来驱动销售，摆在货架上的就是库存，能摆多少就能卖多少。线上的超市不存在这一问题，无论有没有库存都可以卖，大不了预售或调货。所以，经营线下零售门店和线上电商是不一样的，线下要考虑的因素更多，尤其是商品陈列，这直接决定着能否调动起顾客想要购买和消费的欲望。

科学研究表明，人类所获取的外部信息 80% 以上都是通过视觉接收的。作为视觉交互的重要手段，商品陈列并不是简单的排列组合，而是一项充满着探索与可能的创造性劳动，一门关于静态营销的美学艺术。胖东来在卖场陈列方面做得很用心，去过胖东来门店的朋友对此肯定深有体会，网上也有不少相关的终端陈列的图片，它俨然是一座"美学生活馆"。

走进果蔬区域，会看到商品陈列十分整齐，以归类摆放或适度穿插排列，格调一致、色彩视觉强烈且丰满，再利用一些小篮子或纸箱作为装饰，既美观又减少耗损，让商品显得更有

第六章
走少有人走的路，做有特色的胖东来

量感，一眼看上去会觉得东西特别丰富，让顾客有的挑、有的选。

胖东来的水果单品很丰富，比如：柑橘类商品陈列的品种有南非甜橙、秘鲁柑、新奇士橙、爱媛奶柑、葡萄柚、涌泉蜜橘、砂糖橘等；苹果类商品陈列的品种有阿克苏富士、黄金帅苹果、大凉山丑苹果、蓬莱苹果、天水红蛇果、静宁红富士、精品加力果、红玫瑰苹果等。把不同品种的水果全部陈列出来，可以满足不同消费者的购物需求，同时也可以拉大商品的价格带；由于热带水果类损耗比较大，不宜存放，需要加快周转，胖东来选择以别致形象的异形堆进行陈列。

果蔬类商品的美陈画面也是胖东来的一大特色，所有季节性商品、新品都配置了相应的图文介绍，全面、直观、生动，便于顾客选择适合自己的商品，专业地了解每一种果蔬的特点。

美陈的关键在于美，而美又是多元化的，绝不仅仅是在货架顶层摆放一些盆景、物件，或是张贴几张美图那么简单，它是对商品品类属性、商品环境有了深刻的理解之后，营造出的一种独特的生活气息与文化氛围，让顾客在购物的过程中产生一种想象力，通过商品关联与组合，通过视觉、味觉、嗅觉、触觉等感官刺激，获得身心愉悦的体验并产生想要购买的意愿。

如果说胖东来果蔬区的陈列，彰显的是一种色彩之美、自然之美、

搭配之美；那么，胖东来家居区域的陈列，呈现的则是一种人文之美、生活之美、情调之美。

走进胖东来生活广场店的家居区域，可以充分感受到一种生活氛围与情调，它就像在给顾客讲故事、描绘场景：从一对情侣手牵手，到结婚生子，再到耄耋之年，家里的餐具、碗碟跟随岁月的流转，从数量到样式都发生了变化。货架上陈列的虽是商品，可是顾客感受的却不是冰冷的物件，而是萦绕着人间烟火的温情，以及人生不同阶段的生活日常。在这个物质丰富的时代，同质的商品太容易获得，而真正触及人心的情感才是稀缺。

美陈是建立在正确陈列规则的基础上，建立在深刻理解生活内涵的基础上，只有对基础美学有了深刻的理解，才能真正把美的效果呈现出来。想要做好美陈工作，无须添置各种眼花缭乱的道具，更不需要过度地渲染氛围，好的美陈是让顾客真正享受到其中的乐趣，只要走进卖场就能体会到美好、感受到幸福，这才是美陈真正的内涵。

很多零售店在做陈列计划时，经常会遇到这样的问题：由于店内的货架有限，好位置也有限，如果选择把自己主推的商品放在最显眼的地方，顾客就很难快速找到自己需要的东西；如果依照品类按部就班地陈列，又很难抓住顾客的注意力，让他看到更多的商品。

如何才能在保证有序陈列的前提下，吸引顾客的注意力呢？

第六章
走少有人走的路，做有特色的胖东来

针对这一困惑，著名商超咨询师黄碧云老师提供了几条有效的思路。[①]

1. 按照商品的第一要素来陈列

顾客在选购商品时会下意识选择第一要素。如果颜色是第一要素，就把同色系的商品陈列在一起，利用色彩来吸引顾客的注意力。如果品牌是第一要素，就把同品牌的商品陈列在一起，方便顾客选择。

2. 掌握色彩搭配的方法

颜色固然可以抓人眼球，但更重要的是色彩搭配，如果把货架陈列弄得像花式马赛克一样，无论远看近看都很难聚焦。所以，在陈列商品时一定要掌握色彩搭配的技巧。

技巧1：撞色搭配

在各种色彩中，红色、橙色等暖色调对视觉的刺激最强烈，但最吸引人的还是冷暖色调的对拼，也就是俗称的撞色。在商品陈列中，比较常用的撞色搭配有"红＋绿""橙＋宝蓝""黄＋草绿"，以及最经典的"黑＋白"。

技巧2：渐变色搭配

渐变色的搭配方法，特别适用于小家居、针织等商品上，

---

① 详见得到 App 课程《黄碧云的小店创业课》之"货架陈列：品类链接法"，有改动。

这样的陈列方式远看有层次感，近看也不混乱，可以让顾客把更多的关注点放在商品上。

技巧3：多色彩拼配

把不同颜色的商品拼在一起，也可以传递出商品的卖点。比如，把深紫、浅紫和蓝紫的三种颜色的护肤洗浴用品拼到一起，会呈现出梦幻、浪漫的气息；糖果、甜食和毛绒玩具等商品，可以用粉色系来搭配，会呈现出甜美的味道。这种搭配方式，可以有效地唤起顾客的购买欲，如果运用得好，还能盘活死角。

上面说的是最基础的货架陈列原则和色彩搭配方法，主要适用于某一类商品或是同一排货架。作为超市零售门店，想要实现美陈——用不同的商品搭配出来的陈列堆，还需要掌握更多的技巧，因为美陈不仅仅是为了好看，它更大的作用在于降低新品的滞销风险。

1. 定主题

组合式美陈是由不同的单品组合起来的，但这种组合不是随意的，至少要有关联性，凸显某一个主题，吸引相对应的目标客群。这样的话，就算是十几个单品种类组合起来，看上去也有统一性，顾客选购的时候不会觉得杂乱无章。

2. 搭底座

美陈不是用商品随意一堆就能出来效果，最好先用桌子、

第六章
走少有人走的路,做有特色的胖东来

柜子等道具搭一个底座,有了这个平台之后,把商品放置上去,就可以形成错落有致的美陈堆头。这样做的好处在于,底座可以重复使用,给员工补货提供了便利。在搭底座时,不让商品落地是首要原则,然后再把不同形状的道具叠加在一起,形成错落有致的效果。

3. 加亮点

单纯陈列商品显得有些沉闷,缺少趣味性和氛围感。大家在逛家具店的时候,感受会更明显,也许售卖的商品只是一张床,但会搭配与之风格相统一的床品、床头灯,还有一些装饰画,烘托整体的氛围感。其实,商超零售店的美陈也一样,可以选择色调相配的桌布垫在商品底下,或是周围放一些假的盆栽、玩具等小饰品来增加亮点。

美陈可以提升商品的视觉效果,吸引顾客的眼球,重视陈美没有错,但是千万不要本末倒置,忽视商品质量。于东来在给其他企业做指导时,也强调过这一点,不要盲目追求胖东来的美陈,商品是最重要的,先把商品做好,质量好一点,价格低一点,毛利低一点,从零开始培养顾客的忠诚度,取得顾客信任。如果商品只是摆得好看,那就真的成了"花瓶",偏离了零售的本质。

能干会玩：激发平凡人的非凡潜能

我们为什么要工作？关于这个问题，不同的人有不同的答案。

有的人很直白，说工作就是为了赚钱，养家糊口，没有其他想法；有的人觉得，工作是维持生计的手段，更是找寻存在感的途径，谁也不想被指责为无用；只有极少一部分人说："因为工作让我快乐，让我觉得生活有意义。"

对于最后一种说法，很多职场人不以为然，甚至觉得太虚、太假、太飘。毕竟，"工作"和"快乐"这两件事，太难联系在一起——每天朝九晚五，忙忙碌碌，看老板的脸色，受客户的刁难，处理不完的事情，何乐之有？

其实，有这样的想法完全可以理解，其原因也不都在于员工个人，企业管理者的价值观、企业文化、工作氛围、管理制度等，也影响着员工的工作体验和工作满意度。概括来说，使人产生"工作无乐趣可言"的原因主要有 5 点。

原因 1：以追求金钱和生活质量的提升为终极目标，总嫌工资低，看不到金钱以外的任何东西。久而久之，就对本职工作

第六章
走少有人走的路，做有特色的胖东来

失去了兴趣，把自己当成了"机械工"。

原因2：价值观的扭曲和单一化，只有利益和欲望之比，对工作的内涵缺乏认识和反思，只想通过工作得到名利，一旦失落，便觉得工作索然无味。

原因3：周而复始的工作流程，磨灭了激情，新鲜感逐渐丧失，对工作感到疲乏厌倦。

原因4：没有平衡好工作与生活的关系，不顾一切地追寻工作价值时，就忽略了生活的精彩；安逸于生活的享受时，又失去了拼搏的斗志。

原因5：现实与梦想之间的落差，内心总渴望"一夜优秀"，能成为人群中的佼佼者，可现实中的自己能力不足。看到别人拼命努力，有了好的机遇，有不甘也有压力，继而无法正视现状，觉得目前工作乐趣全无。

有人可能认为，工作的乐趣与工作的性质有关，实则不然。有不少知识型员工，出入高档写字楼，工资不菲，吃喝不愁，可每次说起工作都觉得烦；也有一些赚钱不是那么多的人，却对自己的工作乐此不疲，津津乐道，比如——胖东来的老板及其员工。

为什么胖东来人把服务做得那么好，却从来没有流露出疲于应对的状态呢？

曾任《中国人力资源发展》管理创新版的执行主编丛龙峰博士，长期深入企业一线调研，专注于人力资源管理、组织管理、企业文化方面

的研究与咨询工作。他研究胖东来多年，也跟于东来进行过多次深入的交流，对于这个问题，他特别提到了四个字——"能干会玩"。

的确，"能干会玩"的理念是胖东来的一个独有特色。

能干，代表的是胖东来的专业主义。

管理学大师彼得·德鲁克提出过一个观点：统计学的规律显示，任何组织都不可能找到足够多的"优秀人才"，唯一能够让组织在知识经济和知识社会中脱颖而出的途径，就是寻找人的潜能，并花时间开发潜能，最终完成"让平凡之人做非凡之事"的挑战。

作为胖东来的领导者，于东来对所从事的零售行业充满了热爱之情，对商品品质、服务体验有严苛的要求，也在不断学习先进的文化理念。他在钻研这些优秀文化的过程中，散发出了一种魅力，感染到了周围的人，从而让胖东来产生了企业精神。

胖东来的服务之所以做得好，在于它对商品知识的管理有详尽的标准，这一点我们之前也有讲过。新员工入职后，可以通过培训手册快速了解岗位职责，以及详细的服务细节。有了这一标准，就为胖东来的"专业"夯实了基础。

会玩，代表的是胖东来的人性化管理。

德国作家弗里德里希·席勒说："只有当人是完全的人，他

第六章
走少有人走的路，做有特色的胖东来

才游戏；只有当人游戏时，他才是完全的人。"人有趋乐避苦的天性，"玩"是人的一种本能，也是人生之必需。

于东来一直强调"要把员工当成完整意义上的人"，也一直在践行"游戏化管理"，为员工提供各种人性化的福利。他自己也是一个很爱玩的人，每年至少有1~2个月的时间都在玩。他喜欢去纯粹的地方，与大自然相伴。在他看来，"能干会玩"是生命的平衡，是生命质量的提升，也是向健康人生的进化和进步。

汪曾祺在《人间草木》中说："一定要爱着点儿什么，恰似草木对光阴的钟情。"草与木没有情感，却在光阴的变幻中表现出了不一样的活力。拥有七情六欲的人类，也要爱着点儿什么，才不会虚度年华，感受到生活的意义和乐趣。

在一次公开的分享中，于东来直言不讳地指出："大部分企业家整天都是日理万机，废寝忘食，艰苦奋斗，还没有真正感受到做企业的乐趣，这种理念是不可能实现健康的。如果我们连一个勇敢的自己、真实的自己、阳光的自己都做不到，还谈什么其他的幸福？能干会玩才是真正的企业家，企业领导者幸福，企业的员工、团队才会幸福，顾客也才会幸福。"这个幸福的"三向飞轮"，正是胖东来赢得人心最根本、最稳定的支撑。

于东来提倡的"玩"，是人性化管理的有机组成部分。

"玩"，是希望员工借助娱乐休息来释放压力、补充精力；"玩"，是希望员工有机会接触新的领域、学习到新的知识，拓宽思维与视野，激发好奇心和创造欲；"玩"，是希望员工可以通过活动扩大人际交往，促进团队之间的和谐关系；"玩"，是希望员工懂得工作不是生活的全部，别把名利财富当成终极目标，要学会感受生命的价值，享受生活的乐趣。

能干，体现的是一种工匠精神。

古往今来，工匠精神一直都在改变着中国，改变着世界。中国自古以来也是一个"工匠大国"：木匠鼻祖鲁班、"蔡侯纸"发明者蔡伦、活字印刷术发明者毕昇、景德镇瓷器祖师赵慨、造桥匠师李春、棉纺织专家黄道婆、苏绣大师沈寿、内画画师马少宣……直至今日，拥有强烈的社会责任感、行业使命感的于东来，也传承了工匠精神，并将其运用到零售服务中，不断强化品质，不断提升服务，精益求精。

工匠精神不是一种能力，而是一种做事的态度，涵盖了热情、专注、虔诚等诸多的情绪。倾尽全力去做事，绝非仅仅是为了利益，从精神层面来说，技艺上的进步、做事过程中的乐趣、收获满足和成就感，比金钱更有意义。这也是于东来常对员工说的："尽最大的能力成就自己，为行业带来美好，为企业带来美好，为我们的城市增添更多的美好。"

会玩，体现的是一种幸福的状态。

谈到工匠的时候，很多人会把它与这样的画面联系起来：脸上布满岁月的痕迹，额头沁出了汗珠，一颗细腻而质朴的心，两只粗糙而勤劳的手，把每一个细节雕琢得极其精致，连最挑剔的人也找不出瑕疵。这

第六章
走少有人走的路，做有特色的胖东来

是多数人对工匠的印象，他们是专注的、刻苦的、敬业的、务实的、谨慎的，但脸上的神情总是凝重的，不敢有丝毫的懈怠，总在用挑剔的目光、审视的态度去对待工作，力求精益求精。

翻看古今中外的名人典故，我们大多也会读出相似的味道——王羲之苦练书法二十年，写完了十八缸水；贝多芬练琴专注时，手指练得发烫，为了能长时间弹下去，他把手指放在水中冰凉后再接着弹……似乎要在某一领域内有所成就，就要经过一番痛苦的磨砺；要成为技艺精湛的工匠，就得承受日复一日的雕琢之苦。

于东来是一个拥有极客精神的人，他领导的胖东来多年来也一直在践行工匠精神。但是，胖东来人呈现出的工匠形象却是另外的一幅画面——热情、快乐、轻松、满足、愉悦，工作做得又专又好，业余生活丰富多彩；他们的内心是幸福的，精神是从容和充裕的，有"潜心做事"的安稳与踏实，却没有"苦练"渲染的底色，完全是在幸福和美好的激励下，不断挖掘自身的潜能，把服务做到了非凡。

胖东来的工匠精神，与热爱有关，与精专有关，更与"会玩"有关。

会玩，体现的是一种开放的思维，一种创新的想法，一种幸福的状态。在合理的范围内，给予员工消遣的自由，既可以充分激发其灵感和创造力，又能够强化情感驱动；如果一味要求精进、谨慎、细致，时时刻刻紧绷着神经，可以暂时技艺超群，却难以恒久维系。别忘了，工匠虽敬事如神，但终究也是人。

服务创新：打造"胖东来式的服务"

零售企业的业绩与客流量有着密不可分的关系。胖东来的商场几乎每天都是人头攒动，在许昌当地百姓的心目中，胖东来就是当地繁华商圈的代言，更是他们乐意掏钱购物的首选之地。

大连大商集团的总裁吕顺伟在考察完胖东来之后说："这么多年来，我没有见过像胖东来这么好的生意，方圆一公里之内都没有商店……汽车也是这样，一到周末，整条街都封路，不管是许昌还是新乡。几年前是这样，现在还是这样，真的是不服不行！"

通常来说，零售企业的客流量基本集中在周末和假期，工作日的客流有限。然而，胖东来不存在这样的现象，它平常一天的客流量跟许多零售企业店庆时的客流量一样多。

山东一家零售企业老板曾到胖东来考察，其实那天就是普

第六章
走少有人走的路，做有特色的胖东来

通的工作日，结果眼前发生的景象令他大为震惊：早上刚一开门，顾客就络绎不绝地涌入胖东来；更夸张的是，竟然还有顾客专门从郑州跑到胖东来买东西，这着实有些魔幻，难道有什么商品是胖东来专卖的，郑州买不到吗？这位老板在门口观望了几分钟后，由衷地说道："我们只有在周年庆和春节期间，才会有这样的客流量。"语气中透着一丝欣赏，也透着一丝感慨。

为什么胖东来的生意这么火？为什么顾客如此偏爱胖东来？

胖东来的客流量与业绩奇迹，靠的不是打折促销，不是新奇的零售方式，而是凭借细节上令人难以企及的极致追求，赢得了顾客的心。周到的服务特色也是胖东来得以出圈的亮点。

美国哈佛商业杂志发表的一项研究报告指出："公司利润的25%～85%来自再次光临的顾客，而吸引他们再来的因素首先是服务质量的好坏，其次是产品本身，最后才是价格。"

在商品同质化日益严重的今天，服务已成为零售企业提供给顾客附加价值、实现差异化竞争的有效手段。胖东来不只是为顾客提供优质的商品，更重要的是在商品之外提供了更多、更好的附加服务，充分地满足了消费者的需要。

什么样的服务，才算是好的服务呢？

有句话说，好的商品是标配，好的服务是高配，服务的道路上没有顶配，必须不断地创新，做到更好更细致，才不会掉队。换而言之，"好的服务"没有准确的定义，没有上限标准，只有不断在服务上进行优化

和创新，而这正是胖东来在零售界出圈，收获超级客流量和顾客满意度的原因所在。

那么，胖东来到底怎么做服务的呢？其服务创新又体现在哪些地方呢？

1. 提供人性化的服务环境

胖东来的超市区，提供了多种不同的购物车，上面详细标明了每一种购物车的适用客群，比如：轻便型购物车适合老年人，累了可以坐在上面休息，且车上配有放大镜，方便老人查阅商品信息和配料表；带小孩的顾客，可以选择婴幼儿手推车；在冷冻制品区，胖东来给顾客提供了专用手套，避免顾客在挑选商品时沾上水或是异味。

胖东来的各个卖场内都配有顾客休息区，还为顾客提供了微波炉、饮水机、免费的充电宝、免费轮椅等，条件允许的商场还配有母婴室、无障碍卫生间、儿童专用卫生设备，为有特殊需求的顾客提供便利；卫生间里配备的洗手液，气泡丰富、气味清新，洗完之后不会感觉手部皮肤干涩；在冷热交替的季节，水温会做出或凉或温的调整；护手霜也会及时更新，不会因为客流量大的原因出现破损。

2. 不折不扣地落实诚信经营

胖东来自创立之初，就立下了"用真品换真心，假一赔十"

第六章
走少有人走的路，做有特色的胖东来

的承诺，后来又推出过"不满意就退货""商品和服务质量有问题就赔款"等承诺。胖东来的这些承诺绝不是嘴上说说，而是不折不扣地执行在服务中，并且让顾客切实地感受到企业的诚意与良心。

比如：购买带汤汁的食物，胖东来采用的是先称重再加汤的方法；购买海鲜时，胖东来提出了一个温馨提示——"请把水沥干，我们只卖海鲜不卖水"，如果顾客购买的活虾带着不少水分，服务员会将口袋里积的那些水放出来之后再称重，最后再打价签；胖东来卖菜，从来都是掐头去尾，把烂叶子去掉，再给顾客称重。

3. 站在顾客的角度思考问题

胖东来能把服务做到实处、做出成效，是因为它把顾客真正装在心里，站在顾客的立场思考问题，想顾客之所想，急顾客之所急，设身处地地为顾客解决问题、提供便利。

胖东来的服务之所以有温度、有质量，就是因为他们做到了用真情换真心。于东来曾说："我们做商品的时候是想着顾客的，介绍商品的时候也是想着顾客的，是想办法为顾客解决问题的，而不是找理由、找借口。如果顾客一定要这一件商品的话，你可以去外面帮顾客采购；如果是停产的商品，那么你就给顾客详细地解释厂家的这件商品是什么时候停产的，现在又有哪一件产品替代了它，并且把新的功能讲解给顾客，相信顾

客也一定会理解的。"

4. 推行"全民皆兵"的服务标准

如果顾客去胖东来买东西,想买的商品没有了,只剩下价签摆在货那里。那么,顾客随便找到一位服务员,甚至是找到一位保洁人员,询问这个货物是否还有库存,他们都会积极地帮忙解决,且时间通常不超过三分钟。

遇到这样的情况,有的顾客会称赞胖东来处理问题效率高,有的顾客会感叹自己运气好。殊不知,其实这是胖东来的一个服务特色,也是一个服务标准——"全民皆兵",每个员工都必须这样做,否则在考核中会被扣分。

胖东来的服务之所以有温度、有质量,是因为他们把服务做到了足够细致,足够周到,让诚信和专业被顾客亲眼看到,亲身感知到,且把服务做出了自己的特色,让业界同行难以望其项背,也让顾客体验到了从未有过的尊重与善待。这种感受就像一幅美丽的画面,映在顾客眼里,刻在顾客的心里,让顾客发自内心地愿意再次光临、再次体验、再次消费。

附 录

于东来哲理箴言

☆ 发自内心的喜欢高于一切。

☆ 懂，是一种信任；信任，是无价的。

☆ 企业发展，对人的关心永远是第一位的。

☆ 制度是服务企业的，而不是去控制员工的。

☆ 遇到问题，就根据标准和制度让大家去讨论怎么处理。制度不合理，就一块讨论怎么调整制度。

☆ 在胖东来，我不鼓励加班。加班就是占用别人成长机会，是不道德的。

☆ 做企业首先要有团队，让团队每一个人付出创造的价值和回报，感觉是满意的。为什么胖东来员工的执行力好？是因为他想要100块钱，公司给他了150块钱，所以他心里面非常满足。

☆ 只要在这里上班，在这个生产车间里工作的，任何一个员工都要是工匠状态。如果不是工匠状态，请你离开这里，你在侮辱这个环境，是绝对不允许的。不管你们是做面条的、做豆芽的，任何一个人在这工作必须是严谨的，工资和付出是成正比的，做的工艺好收入就好。

☆ 工资决定着企业的生存，文化决定着企业的品质和未来。话虽然粗，但非常实用。

☆ 干了这么多年，我做的最多的就是分权和分钱。

☆ 有的人说胖东来是神话，其实就是真诚了一点，善良了一点，如果这样都被说是神话，那我们过得多悲哀。

☆ 我们牢记着企业的做人理念和做事理念：你心我心，将心比心，不是自己的坚决不要，不急功近利，要从一点一滴的小事做起。

☆ 最重要的是老板，老板不改变，下面人再改变也没用。如果我们不是老板，我们是基层的，那就韬光养晦，要有这种胸怀，慢慢去沉淀自己的能量。等自己将来当领导的时候，做一个智慧的领导，要超越老板，做一个更美的人，才能对得起我们的生命，这才是更理性科学的方法。

☆ 很多企业都是我学习的对象。我会看家乐福、沃尔玛怎么做，好的地方我会去学习，我也会看比我小的企业好的地方。每个企业都有优秀的东西，只要是能帮助自己成长的、对的东西，我都要学习。

☆ 不要把顾客当上帝，要把他们当家人。

☆ 遇事抱吃亏态度，敢于承担责任后果，这是价值、信誉、品牌的意义所在！

☆ 能干会玩才是真正的企业家。老板幸福，企业的员工、团队才会

附 录
于东来哲理箴言

幸福，顾客也才会幸福。

☆ 要放下竞争的心态，放下嫉妒心。因为嫉妒会让自己很痛苦，没有意义，这是伤害自己，我们要做智者，一定要学会爱自己，远离嫉妒、心眼小、虚伪这些对自己造成伤害的东西。

☆ 要享受人生，我们不只是工具，我们还是创造美好和享受美好的一个群体，我们是生活的主人，不是生活的奴隶。